世界名人名传　　|　　主编 柳鸣九

[法] 安德烈·莫洛亚 著
谭立德　郑其行 译

屠格涅夫传
Biography

IVAN
TURGENEV /

河南文艺出版社
·郑州·

图书在版编目(CIP)数据

屠格涅夫传/(法)安德烈·莫洛亚著;谭立德,郑其行译. —郑州:河南文艺出版社,2022.12
(世界名人名传/柳鸣九主编)
ISBN 978-7-5559-1412-9

Ⅰ.①屠… Ⅱ.①安…②谭…③郑… Ⅲ.①屠格涅夫,I.S.(1818~1883)-传记 Ⅳ.①K835.125.6

中国版本图书馆 CIP 数据核字(2022)第 160292 号

屠格涅夫传
Tugeniefu Zhuan

选题策划	孙晓璟
责任编辑	孙晓璟
书籍设计	Ⅲ 书籍/设计/工坊 刘运来工作室
责任校对	赵红宙　陈　炜
责任印制	陈少强
出版发行	河南文艺出版社
本社地址	郑州市郑东新区祥盛街 27 号 C 座 5 楼
邮政编码	450018
承印单位	河南瑞之光印刷股份有限公司
经销单位	新华书店
纸张规格	890 毫米×1240 毫米　1/32
印　张	5.5
字　数	108 000
版　次	2022 年 12 月第 1 版
印　次	2022 年 12 月第 1 次印刷
定　价	39.00 元

目　录

评《屠格涅夫传》

陈桑

文学家各有自己的"命运"。被誉为俄国"三巨头"的屠格涅夫、托尔斯泰和陀思妥耶夫斯基就是很有意思的例子。他们的年龄相差不过十岁,而其际遇先后却颇为不同。19世纪六七十年代,屠格涅夫首先驰誉于欧洲文坛;自八九十年代至第一次世界大战前后,托尔斯泰继起成为照耀欧美文学的巨星;而从第一次世界大战后到第二次世界大战,陀思妥耶夫斯基骎骎日上,在当代,主要在现代派作家心目中,他几乎成为独一无二的权威。他们可以说是"各领风骚"数十年。推其彼此递嬗的原因,就托尔斯泰和陀思妥耶夫斯基而言,无疑是由于社会变迁所引起的读者群思想的演变。须知文学的共鸣主要是思想的共鸣。至于屠格涅夫,据许多人的看法,是由于艺术上稍逊于其他两位作家。这也是事实。但这里也不是没有争论。例如美国作家亨利·詹姆斯称屠格涅夫为"小说家中的小说家";丹麦文艺评论家勃兰兑斯认为屠格涅夫是"最伟大的作家";而对于托尔斯泰和陀思妥耶夫斯基,他们却颇有微词。最突出的是法国文艺理论家泰纳,他不仅十分推崇屠格涅夫,甚至说:"跟他并列,托尔斯泰和陀思妥耶夫斯基……好像是天才的外行人。"这些见解不免失之偏颇,甚至近于怪诞。但不可否认,屠格涅夫确自有其独到之处。他的满怀激情、富于诗意的少女,涉笔成趣、淡雅清新的风景画,他的匀称而经济的结构,洗练和细腻的风格,朴素而优美的语言,以及自然而隽永的抒情笔触……所有这些,在世界文学中也许罕有其匹。

屠格涅夫早就赢得我国知识界的喜爱。他的作品几乎已全部译介过来,一些译本还出自巴金、丰子恺等名作家之手。可惜的是,我国对他的研究还远远不够,有关他的中文资料也深感阙如。苏联研究者比亚雷和普斯特沃依特关于屠格涅夫的两本评传,就其对作家思想发展和作品思想内容分析的科学性而言,不失为有价值的著作。然而其共同缺点是对作家的生平和创作艺术重视不够。我们这里介绍给读者的莫洛亚的《屠格涅夫传》正好填补这些方面的空白。

安德烈·莫洛亚(1885—1967)是法国作家,法兰西语文学院院士(1938年起)。著有长篇小说多种,其中有的是关于第一次世界大战的(他参加过这次战争);更多的则是以资产阶级上流社会生活为题材。他从1923年到1965年间,还写过不少名作家传。除这本《屠格涅夫传》外,尚有雪莱、拜伦、乔治·桑、雨果、"三仲马"和巴尔扎克等人的传记。正是这些传记给他带来广泛的声誉。

莫洛亚这本《屠格涅夫传》的优点是什么呢？

文学研究中一般有两种倾向。其一只注意作家的私生活，几乎把作品纯粹看作作者的自传。研究者醉心于搜罗作家的生活逸事，埋头于琐屑无聊的考证。他们忘记了作家同时代、社会和阶级的关系，忘记了作品是社会生活的反映。我国红学中的考证派是这种倾向的典型代表。另一种倾向正好相反：研究者把注意力集中于社会方面，不重视作家的生活和个性，不知道任何作品的社会内容都是通过作家个性的三棱镜而反映出来的，正是经历和由此形成的个性的千差万别使得同一阶级的作家，其作品也各具异彩，就像一片森林中没有两片相同的树叶那样。这些研究者至多只能说明作品反映了什么，至于作品何以是这样那样地反映出问题，则瞠目结舌，不知所对了。上述两种倾向，莫洛亚这本书是注意到了，虽然也还有些问题。

莫洛亚首先给我们展示了屠格涅夫所处的时代和社会。在 19 世纪俄国这个封建专制的国度里，贵族对农奴可以肆意妄为；而在沙皇（尤其是有"大棒"之称的尼古拉一世）面前，他们也是没有自由权利的臣民。与此同时，每个家庭又有自己的暴君，如屠格涅夫的母亲，专横恣肆，子女们只有俯首听命。关于这些，别的著作语焉不详，莫洛亚则做了详尽具体的叙述，从而使我们对屠格涅夫成长的社会环境有一个鲜明的印象。正是这种环境导致他的反农奴的倾向，养成他优柔寡断的个性；另一方面，也孕育了他笔下多余人的性格。大家知道，在俄国文学中，屠格涅夫在多余人形象的塑造上，可说是集大成者。这固然因为他身上带有多余人的某些气质（如在爱情问题上和处世上所表现的矛盾心情和犹豫不决的态度），一个作家常常爱写他最熟悉最亲切，从而也最能激动他心灵的事物。不过也应看到，在客观上，他笔下的人物同他都是同一社会环境的产物。

莫洛亚进一步以丰富的材料展示屠格涅夫的生平：他的生活、他同友人的交往、他的爱情、他在当时西欧派和斯拉夫派的论争中的思想立场……作为传记小说作家，莫洛亚使用的方法，主要不是分析，而是叙述，在许多地方则是描写。他显示给我们的是具体的材料以至生动的形象，给我们以感性的认识，有助于我们更好地领会这位俄国作家的创作。比如，屠格涅夫笔下人物的性格，甚至他们的社会作用，大多是通过爱情来表现的。这固然因为爱情是生活的重要构成部分。但从莫洛亚的书里我们了解到屠格涅夫对爱情的独特的态度，便会知道，他在这方面感受很深，因而能够从这方面挖掘人物的个性，并想象他们在社会活动中的表现。

对于屠格涅夫写作小说，特别是写作六部长篇的社会背景和作家的具体境况，别的著作只谈到片鳞只爪，在这里则有充分展开的交代。不是说这里有很多的新发现，其可贵之处在于莫洛亚提供了更丰富的材料。比如，关于俄国农奴制改革前后的情况，农民对改革的失望和感到被欺骗的心情，知识分子中年轻一代对自由主义的厌弃，父辈和子辈的矛盾，社会对《父与子》的反应，民粹派和"到民间去"的运动，等等。了解这些情况，我们读小说时就会感到亲切得多。书中还详细地介绍了屠格涅夫晚年怀念祖国及其在爱情问题上感到的寂寞和矛盾的复杂心情，这对我们理解他的晚期作品，诸如散文诗和带有神秘色彩的小说是不无帮助的。

书中引用的材料，很多是作家的书信。这在《屠格涅夫全集》（本书写于1931年，出版于1960—1968年）出版之前固然弥足珍贵，就在《全集》出版之后的今天，它也仍很有价值。要知道，我们如果要从屠格涅夫的大量书简（十四厚册）中找出有用的材料，真不啻披沙拣金！

法国是屠格涅夫的第二祖国，他从19世纪60年代起经常侨居法国，70年代后就在那里定居了。莫洛亚虽然没有来得及见到屠格涅夫，但他是法国人，搜集材料有其方便的条件。书中关于屠格涅夫在法国的活动，他同名作家乔治·桑、福楼拜、莫泊桑、左拉、龚古尔兄弟的交往及促膝谈心、切磋艺术等记载，是很有价值、颇饶趣味的篇章。

莫洛亚的书的另一优点是以专章分析屠格涅夫的创作艺术。这一章带有论争的性质，反映出屠格涅夫和托尔斯泰在当时西欧被陀思妥耶夫斯基所代替的状况。莫洛亚因时人狂热地迷恋陀思妥耶夫斯基而贬抑屠格涅夫，深为愤愤不平。他幽默地讽刺说："文学论争是人世间激烈而又毫无价值的一种舌战，倘若没有这些无聊的舌战，世人仿佛觉得他们短暂的人生过于漫长。"他中肯地指出，"我们文学上的选择和偏爱，都取决于我们的感情和精神需要。"针对时人推崇陀思妥耶夫斯基而责备屠格涅夫艺术天地过于"狭窄"

的见解,他说:"一部作品的质量优劣是不能以它所描绘的事物大小和重要性来估量的。"这种看法是值得商榷的,何况屠格涅夫以自己的作品反映了足足四十年的俄国社会生活,其艺术天地也应该说是宽广的。但莫洛亚的分析也是对的:文学的广度和深度并不永远成正比,"一小幅描绘得惟妙惟肖的画,要比一幅'不精确的宏伟壁画'更能使我对人类有所了解"。他说,《猎人笔记》只塑造了屠格涅夫庄园斯帕斯克村附近的几个农民形象,却比浩瀚冗长的俄罗斯历史更能使他了解19世纪30年代的俄罗斯情况。

莫洛亚从这里展开了论述。他不同意人们说的屠格涅夫的人物典型的范围很窄,而认为这些典型五彩斑斓,各具特色。他举罗亭、巴扎罗夫、拉夫列茨基和涅兹达诺夫为例。莫洛亚说这些形象各自不同,是符合事实的,虽则他对这些形象分析同我们有距离。我们还要强调说,像罗亭、巴扎罗夫那样的性格,成为文学上"共名"的,就是在世界文学中也屈指可数。而他们在屠格涅夫那里,却是很经济地只用几个场面、几次对话,似乎是漫不经心地刻画出来的。不能不叹为绝技。

肯定屠格涅夫的一切以现实生活和实际人物为出发点的创作方法,莫洛亚同时指出了他的现实主义的特点是和诗意的结合。以"诗意的现实主义"来概括屠格涅夫的特色,其发明权恐怕不属于莫洛亚。但他有较深刻的体会,把这一点看作屠格涅夫的"全部文学理论",并给予具体的阐述。他指的是在自然景象描绘中充满着激情,在日常生活画面中洋溢着高尚的幻想。如果需要补充的话,我们将说:屠格涅夫的诗意的现实主义,首先在于他从诗意的方面观察生活,从而能于平淡无奇的日常事物中见到诗意。例如,在《猎人笔记》中,不仅大自然诗意盎然,就是农民的形象,也都富有诗趣(如《霍尔和卡里内奇》中的卡里内奇、《歌手》中的雅科夫、《白净草原》中的农家孩子等)。其次,他的许多人物,不管是罗亭、英沙罗夫和巴扎罗夫,还是娜塔莎、丽莎或叶琳娜,都怀有崇高的理想和激情。特别是这些所谓的屠格涅夫的少女,她们的可爱,不只是由于爱情的纯真,而且因为这种爱情为理想所照耀,而升华和诗化了。然而这些人物都牢牢地植根于现实主义,有血有肉,没有因饱含理想而变成概念的传声筒。诗意的现实主义还表现在叙述的风格上。屠格涅夫的有些篇章,浓郁的抒情气息,融和着淡淡的哀愁,有一种不可思议的魅力,与其说是散文,毋宁说是诗行。这里无须举例,在《猎人笔记》中,在《罗亭》《贵族之家》等长篇中,真可谓俯拾即是,更不消说名实相符的散文诗了。所有这一切,当然不仅来自高超的艺术,而且还渊源于他的气质,他的浪漫主义的个性。顺便说说,屠格涅夫对维亚尔杜夫人的始终不渝的爱情或痴情,确是充满浪漫情调的。

高尔斯华绥谈到过,屠格涅夫的方法是"精选和提炼"。对此莫洛亚根据法国作家布尔热的回忆作了深一层的说明。布尔热说:"屠格涅夫认为,描写的才能完全体现在对能引起联想的细节的选择上。他主张描写始终应该是间接的,与其直言不讳,毋宁启发暗示。"屠格涅夫曾盛赞托尔斯泰的一段写景——只写一只蝙蝠起飞,

"淡淡的一笔就使人领略江畔迷人的夜色宁静"，人们仿佛听到蝙蝠翼梢相触的声音。莫洛亚告诉我们：屠格涅夫自己也不乏这样的妙笔。他举了两个例子，在那里，这位俄国作家不直接描写秋林的萧瑟和深夜的寂静，而是通过枯枝落叶及其堕地声，蜡炬的吱吱作响等，使读者宛如亲临其境，用自己的视觉和听觉去感受。这确是艺术的"三昧"，如果不是莫洛亚这样点明，粗心的读者会囫囵吞下人参果而无暇品味的。

对屠格涅夫的洗练，他的惜墨如金，莫洛亚叹为观止，认为古往今来的小说家中是少有的。在他看来，屠格涅夫之所以能借简短篇幅给人"以这样一种隽永和充实之感"，主要由于其小说中的故事"总是发生在一个骤变的时刻里"。别的作家从远离主要情节的地方开始着笔，屠格涅夫则一下子进入主题，在故事情节紧紧抓住读者的心弦时，才对主人公的生平稍作回溯。的确，像《罗亭》《贵族之家》《父与子》等长篇，都是这样开门见山的。而且屠格涅夫往往只写几个场面，紧扣主题而不旁涉，可以说他的作品宛若水晶而很少杂质。莫洛亚还指出屠格涅夫在刻画性格时使用反衬法，其精选的细节也颇多寓意而耐人玩味。上述这些表明了莫洛亚细腻的鉴赏力；同时也说明，屠格涅夫博得"小说家中的小说家"的荣誉，正是在于这种笔墨经济，布局严谨。当然，我们不能因此贬低包罗万象、气势磅礴、广泛反映生活的一些大作家。事物的辩证法是，优点有时变成了弱点。这里可能同时就是屠格涅夫的缺陷。平心而论，这两种艺术，确实是"尺有所短，寸有所长"。

莫洛亚认为，屠格涅夫是客观的艺术家，着重真实地描绘事物的本身，而不是表达自己对笔下的人或事物的感受。他引用屠格涅夫关于心理分析的有名的话，即心理学家应该隐藏在艺术家后面。但是，也应看到，屠格涅夫笔下某些人物带有自己的气质，有的则有自传的成分。而且他绝不像福楼拜那样使用冷冰冰的解剖刀，而常常是和人物同其冷热。不要说对罗亭、拉夫列茨基等他心爱的人物，他倾注了自己的全部感情，就是对巴扎罗夫，在写到他死亡时，也不免一洒同情之泪。从这方面来说，他的艺术同时又是主观的。

　　对莫洛亚的书我们谈了这么多优点，是不是说它完美无缺呢？不，不是的，当然有缺点。有人认为，莫洛亚的作家传记一般是注重对象的内心生活，而对于他们的社会活动没有给以足够的注意。在《屠格涅夫传》中，他也比较忽视这个方面，而多着重谈作者的生平逸事。这里也是优点变成了弱点。他的艺术观同我们也有一定的距离。例如，把《前夜》排除在"杰作"之外，说屠格涅夫的作品是"纯小说"，否定艺术的教育作用，这些是我们所不能苟同的。书中有些地方也不够严谨，如对屠格涅夫小说内容的转述和涉及的一些事实不够确切，对屠格涅夫的爱情不免渲染过分。此外，他在本书最后一章中论述屠格涅夫的人生哲学，有自己的见解，对我们有所启发，但因缺乏辩证发展的观点，所引用的大都是作家后期的材料，这些主要来自他晚年写的散文诗的消极思想情绪，是难以概括屠格涅夫一生的人生观的。

　　然而，公平的读者，我们能从哪里找到完美无瑕的著作呢？！莫洛亚的书,确是瑕不掩瑜,光是我们上面提到的优点,就已使我们受益匪浅了。更何况他自己是一个作家,他优美的文字,明朗的风格,他娓娓动听地讲故事的才能,特别是他所擅长的抒情笔调,在引述屠格涅夫的文字时,往往融合无间。在读这样的传记时,我们不免感到一种艺术享受。我们还能奢望更多吗?

第一章　一位俄国贵族的青年时代及其文学生涯的开始

　　对一个生活在 1930 年的法国人来说，很难想象一位生活在 1820 年的俄国贵族究竟是个什么模样。在那个国度里，社会发展的进程与西欧的情况几乎正好相反。当你浏览俄国历史时，你会感到好像在看一部倒过来拍摄的、上溯到法国中世纪时代的影片。正当农奴制在我们国内逐步消亡之时，它却在俄国慢慢地建立起来。俄国在 17 世纪时需要贵族的协助，事后又根据他们出力的大小，给他们分封大量的土地作为犒赏，这些土地就得由农民负责耕作。农民渐渐变成了土地的附属品，进而又发展成为土地所有者的个人财产。一位贵族，或者按俄国的习惯称呼，一位老爷，拥有一千、两千或五千个"灵魂"①不等。后来，甚至连买卖丧失了土地的农民也成了惯例，而且，法律还规定要对保护一个在逃农奴的人判以轻罪。

---

①　沙俄时代对农奴的一种称呼。

屠格涅夫传

18 世纪，自由主义理论家、专横跋扈的立法人叶卡捷琳娜女皇的统治已经巩固，政府甚至还加强了地主的权力。地主们有权流放那些对他们无礼的农民。屠格涅夫的作品中，那些由主人做主而违心婚娶的农民比比皆是。他们要是违抗主人的意旨，就会被剃成光头，送到军队服役二十五年。农民等于奴隶，他的主人可以随意鞭打他，卖掉他。农民必须通过繁重的劳役或缴纳佃租来养活他们的老爷。"这些可怜的人儿，"居斯蒂纳先生①（此人在法国是个极端保皇党人，而在俄国居然成了个自由主义者，为此，连他自己也深为惊讶）在 1839 年这样写道："这些可怜的人儿一无所有。他们既没有茅屋，也没有妻子，甚至连自己的心也不属于他们所有。"

要是把当时的俄国贵族老爷想象得比其他人更"凶恶"，那就错了。这些人很少因人家给予他们的特权而感到诧异。我们通过托尔斯泰和屠格涅夫的小说已很熟悉 19 世纪初期的这些俄国人了。他们既不比前几个世纪的法国贵族残忍，也不比这些法国贵族仁慈，两者不相上下。他们的不幸在于不符合时代。他们中间有几个恶魔般的人物，不过为数极少；很多人都像《战争与和平》中的别竺豪夫那样为人正直，不满现状；大多数都待人宽厚，暮气沉沉，惰性十足，并不认识自己封地上的农民，也不打算认识他们，而且为了让自己不要替他们操心，甚至把一切都授权给总管。事实上，俄国的农奴制状况和罗马的奴隶制或美国南北战争前的黑人状况一样。

---

① 居斯蒂纳，又译屈斯蒂纳，法国作家、旅行家，著有游记《1839 年的俄国》。

某些贵族老爷在家中推行一种家长制,而另一些贵族老爷则暴戾成性,在家中肆无忌惮,专横跋扈。

19世纪初叶,那位神秘的君王亚历山大一世在位期间,一切依然如旧,毫无变化。好几年内,有人原以为亚历山大会是个革新者,但是,这样虔诚的皇帝认为上帝"把他用来当作惩罚拿破仑的暴行的工具"。他狂热地执行这一使命,以至把任何异议都视为是一种亵渎神灵的行为,尤其在发生了谢苗诺夫斯克兵团起义①后,他变得更加乖戾、疑心重重了。他自以为他的臣民们对他忘恩负义,于是便对"解放农奴"感到兴趣索然。1818年,也就是屠格涅夫诞生的那年,俄国还是个君主专制政体的国家,冷酷无情到了幼稚可笑的地步。

俄国当时的第二个特点是丝毫没有思想自由。俄国的大学里都已进行过清洗,政治观点及宗教观点已同时加以净化。"亚历山大一世的宗教感情已在俄国社会内部孕育出一种虚假的神秘主义。"传授现代的天文地理学说已被禁止;而且规定矿物学的讲座要结合祷告来进行;文学教员必须在讲课时说明《圣经》的文学价值胜过任何世俗的作品;政治经济学的教授必须强调"把物质财富转化为精神财富的功能";医学院里不允许教授解剖学。当然,如不经严格检查,任何文章都不得发表。而且,还不得批评指责"陛下的御

---

① 谢苗诺夫斯克兵团起义是沙俄历史上沙皇军队第一次大规模的反抗。1820年10月圣彼得堡的近卫兵军团反对团长施瓦茨以蛮横的态度对待士兵,反对非人的待遇。但很快被镇压下去,有六百人受到鞭刑,其中一些人被打死。

用演员"。"巴黎郊区的一个农民或我们国内的一个小市民,"居斯蒂纳写道,"也要比一个俄国贵族自由些。"

　　亚历山大一世驾崩后,他的继承人尼古拉一世本来也许希望建立一个比较现代化的制度,但是,他自登基之日起就不得不与那场拙劣而可悲的十二月"谋反"①做斗争。那些谋反的士兵高呼"宪法万岁",满以为自己是在高呼康斯坦丁大公的夫人万岁。② 于是,一个"天性仁慈"的皇帝在登基之后,最初采取的公开行动就是向自己的人民开炮,并绞死那些"密谋分子"。这位沙皇是如此伟大,甚至连他的敌人在与之战斗时都把他当作一位神,而不是当作一个人。他生得十分英俊,以至居斯蒂纳会这样写道:"在俄国,有两样东西和一个人物值得一看:白夜③期间圣彼得堡的涅瓦河和月光下莫斯科的克里姆林宫,还有就是俄国皇帝……"从那时起,这位沙皇自以为被形势所迫,只得大动干戈捍卫他的王冠。他变成了一个专制主义的浪漫派,一个"君主专制政体的堂吉诃德"。他的座右铭是"正统、专制、民族"。他用武力管辖教会,派了一名骑兵将领来主持东正教最高会议。他虽非出于己愿,却屡屡镇压革命。而且,

---

　　① 指十二月党人的革命运动。1825 年 12 月,俄国的贵族革命家发动反对沙皇的武装起义。19 世纪初,在法国资产阶级革命影响下,俄国进步的贵族军官开始组织革命团体"南社""北社",主张废除腐朽的农奴制和专制制度,代以君主立宪制。他们乘俄皇亚历山大一世突然逝世,新皇尼古拉一世刚登位之时,在圣彼得堡、乌克兰分别发动起义,被沙皇镇压。为首的被处死,一百余人被流放。

　　② 因为宪法与康斯坦丁夫人的名字发音相近。

　　③ 由于地轴偏斜和地球自转、公转的关系,在高纬度地区,有时黄昏没有过去就接着呈现黎明,这种现象叫白夜。

他毕生都力图"用一堵类似中国长城那样的围墙"把俄国知识界圈起来。此外,皇帝还知道什么呢? 屠格涅夫曾在某个场合奚落过沙皇。他说,唬人的称号禁止沙皇任意阅读。沙皇在侍从尚未用工整的书法替他把一本书抄完毕之前,是不得读这本书的。居斯蒂纳描述了叶卡捷琳娜女皇在高加索的一次巡游。旅行期间,女皇要路过大片满目疮痍的荒凉乡村,阿谀奉承的臣子们便事先命人在沿途用涂了颜色的纸板搭成座座村落,使她眼前呈现出一派歌舞升平的繁荣假象。有头脑的人也像这些乡村一样,几乎只能露出加以伪装的表面给沙皇看。

第三个特点,在这个想把一切抒发思想见解的自由都窒息掉的国度里,却包藏着一个不无大胆思想的知识阶层。自叶卡捷琳娜女皇时代起,大城市里的一部分贵族就深受法国哲学思想的濡染。有人甚至在女皇的私人文件里发现有一些主张取消农奴制的草案。许多由法国家庭教师教育的年轻贵族受到了伏尔泰①、狄德罗②、卢梭③学说的熏陶。一些百科全书派的还俗神父向他们传授了法国18世纪的"危险思想"。与联军一起追击拿破仑的军官们曾驰骋欧洲,并在巴黎居住过一阵,他们虽然征服了法国,而从法国凯旋时却已被那儿的思潮所征服,见到俄国乡村里依然在盛行买卖农奴和严刑体罚,不禁为之义愤填膺。无数秘密社团,如"北社""南社""斯

---

① 伏尔泰(1694—1778),法国作家、哲学家和启蒙思想家。
② 狄德罗(1713—1784),法国启蒙思想家,《百科全书》的组织者、主编。
③ 卢梭(1712—1778),法国启蒙思想家、哲学家、教育学家、文学家。

拉夫协会"都在传播这些思想。这情况已到了不可收拾的地步,法国大使拉·费罗奈甚至可以坦率地告诉尼古拉皇帝,俄国的整个上流社会都已属于反对派了。

专制主义在一个赞同专制原则的社会里是可能存在的,然而在一个邻近就有与它绝然不同、更加称心的文明样板的社会里,它却是巩固不了的。1820年的俄国处于风雨飘摇之中。对一个民族来说,这是一个危机四伏的政治国家,然而,它却也是一个有利于文学巨匠成长的国家,因为,在这个国家里,群情激昂,变化突兀而又令人震惊。

布景已经这样安放就绪,现在我们就可以在这一套布景中试摆一下我们的主人公的出场位置了。在这个社会里,如果从贵族老爷和他的仆从们的主仆关系来看,那么贵族老爷是至高无上的。然而,从他们与沙皇及大臣的从属关系来看,他们的处境却相反,是被剥夺了一切自由的。因此,屠格涅夫的出身正好居于两者之间。

屠格涅夫出生在一个鞑靼血统的贵族小地主家庭。据说,屠格涅夫家族的一位祖先大约于1400年从亚洲来到莫斯科服役。他的后裔都是些将军、省长等有名望的人士。后来这个家族家道中落:到了18世纪,屠格涅夫家只在奥廖尔省内拥有一百个"灵魂"和一座村庄,这座村庄就叫屠格涅沃村。屠格涅夫的父亲谢尔盖·尼古拉耶维奇是个濒临破产的骑兵军官。

但是,在这个家庭里,父亲并不是一家之主。屠格涅夫的母亲是卢托维诺夫家的女儿,这家人声望不大,却很富裕。屠格涅夫曾从这个令人可怕的母系家庭汲取大量素材作为短篇小说的题材。这家人属于保尔吉亚种族，性格粗犷，感情放纵。在这个家族的家史中，乱伦、杀人的罪孽层出不穷。屠格涅夫的外祖母患瘫痪症，常年卧病不起，因曾用拐杖打伤侍候她的年轻仆人，然后又把他按倒在枕头底下，使他窒息致死而声名狼藉。屠格涅夫的母亲继承了这种狂暴的天性。她本人度过了一个异常荒唐的青年时代，在令人生疑的情况下与一位叔叔共同生活过，关系暧昧。但这位叔叔去世时，给她遗留下一个大庄园，即斯帕斯克村庄园，一笔财产，二十座村庄和五千多个"灵魂"。

瓦尔瓦拉·彼特罗夫娜·卢托维诺娃是个具有男人情趣的女子。她骑马、围猎、射击，样样都玩得来，而且打弹子球胜过男人。她受过教育，甚至还具有相当细腻的文学趣味。"莱茵河的河水是什么颜色的?"她后来这样询问儿子。那就必须回答："青葡萄的颜色。"她有一对漂亮的眼睛，下巴丰满有力，但鼻子过于扁平而发青。她性格热情，盛气凌人，渴望着被人爱，但是又不太讨人喜欢。在邻近斯帕斯克村的城里，她遇见了一位英俊的骠骑兵军官谢尔盖·尼古拉耶维奇·屠格涅夫。她虽然比他年长十岁，却仍决定嫁给他。虽然她采取积极进攻的态度，但他却半推半就，很难招架。然而一个没有产业的穷军官是很难抵制一个意志坚毅、能带五千个"灵魂"过门的少女的。再说，他尽管身材魁梧，仪表堂堂，却有着一副异常女性化的心肠。大约在 1860 年时，他的一幅画像悬挂在斯帕斯克村庄园里，前来拜访屠格涅夫的客人都觉得他的这位父亲看上去不像个男人，倒像个女子，或更确切地说，"像是一位身着白色卫兵制服的交际花"。

"蓝色的双眸神色镇静，蒙眬如谜，肉感的双唇带有嘲弄的意味。"他虽是鞑靼血统，却已没有亚洲人的特征了。屠格涅夫笔下的一位主人公说："我们这些人，我们生下来就是棕色的头发、浅色的眼睛和白色的皮肤。"在《初恋》中，屠格涅夫描绘了他父母双方组成的一个家庭："我父亲，一个还很年轻英俊的男子，出于私利而娶了我母亲。我母亲比他年长十岁。她生活得很凄凉，总是情绪不安，心怀嫉妒，怒气冲冲，但当着我父亲的面，却又从不流露出这种情绪。她非常怕他。至于我父亲，他显得冷漠、持重，总是与她保持着一定的距离。"

这是一桩奇特的婚姻，它对屠格涅夫的性格的形成产生了巨大影响。他不仅继承了上校那魁伟的身材、金栗色的髭须和显而易见的弱点，而且还有过之而无不及。他母亲那种狂暴的天性剥夺了他全部的个人意志，同时又使他那懦弱的天性变本加厉。屠格涅夫老夫人在斯帕斯克村以至高无上的女王自居。她把宅邸的管家称为"宫廷大臣"，把那个专门给她递信的仆人称为"邮政大臣"。而且，她在庄园里还有自己的警察总监。在斯帕斯克村就像在中世纪的城堡里一样，凡是家庭生活所需要的一切东西都由大家自制。屠格涅夫老夫人养着一大群"臣民"。在那拥有四十多间房间的宅邸的两翼，一边住着织布制衣和绣花的女奴隶；另一边住着一些乐师，他们也都是农奴，因为在那个年代里，庄园主有时从邻居那儿买下整个乐队以供自己享用。屠格涅夫上校则在女仆中挑选美貌俏丽的做情妇。瓦尔瓦拉·彼特罗夫娜这个笨拙、粗鲁而又对此深为不满的妻子，便在农奴身上发泄怨恨。屠格涅夫童年时，曾亲眼见到过两个青年农民被罚流放。他们因为在花园里走过他母亲身边时忘了鞠躬行礼，便被他母亲下令流放到西伯利亚去。后来，屠格涅夫指着一扇窗户对前来斯帕斯克村拜访他的客人们说："我母亲当初就坐在这扇窗前。我记得，那时正值夏天，窗户敞开着。那两个人在流放前夕，光着头，走近窗前，来向她辞行。我当时正在那儿，目睹了这一情景。"

来教孩子们法语和德语的法国先生和德国小姐也和仆人们一样受到粗暴的待遇。小少爷们可以戏弄农民的孩子，但是，农民的孩子则无权还手。据屠格涅夫说，他母亲曾无意中见到他和一个农民的小孩互相用枕头打闹，那个小孩立刻遭到一顿鞭打。

那个宅邸里的两位少爷就是当时俄罗斯贵族童年的象征，他们在他们的王国里既感到拥有至高无上的权力，同时又在母亲面前感到诚惶诚恐，极端懦弱。屠格涅夫上校家的两个儿子，伊凡和尼古拉①几乎天天挨揍。1873 年，有一次，福楼拜②在与屠格涅夫共进晚餐时，对屠格涅夫说，他在鲁昂上中学时曾写过一部有关路易十一的剧本。剧中的百姓有一句台词说："老爷，我们只得用泪水里的盐分拌着蔬菜吃。"这句话使屠格涅夫想起了自己的童年。他说，他曾

---

① 伊凡即屠格涅夫的名字，尼古拉是他哥哥的名字。
② 福楼拜（1821—1880），法国作家。

因一个小小的过失而被鞭打了一顿，并且受罚不准吃晚饭，他便一边在花园里逛荡，"一边带着苦涩的欢乐吞饮从眼里顺着脸颊流入嘴角的带咸味的泪水"。

尽管他幼时的这种家庭生活像在兵营里那样压抑，屠格涅夫对在斯帕斯克村度过的童年时光却始终怀着美好的记忆。在那儿，富有俄罗斯风貌的景色，似乎具有一种神秘的美，使熟悉它的游子至死也对它保持着挚爱和惆怅的缅怀之情。屠格涅夫大概永远不会忘记山坡上袅袅升起的雾气，婆娑生姿的桦树、山杨及柳树，还有那收割下来的黑麦和荞麦洋溢在纯净而干燥的空气中的芳香。

在斯帕斯克村，童年时代的屠格涅夫像那些在乡村土生土长的孩子一样，学会了辨别鸟类、树木和树叶的本领。那儿有一些奇特的老师向他传授知识，他们不仅向他传授自然知识，而且还有诗歌方面的知识。屠格涅夫在他的一篇杰出的短篇小说《波尼纳和巴波利纳》中曾描绘了一个爱好诗歌的农奴。屠格涅夫同他一起坐在草地上，聆听他朗诵一些诗句。

最近，在俄国发表了一些信件。这些信件的内容表明，屠格涅夫上校也十分关心孩子们的教育。这些信几乎都是写给他的长子尼古拉的。从信中，我们看到了一个并不像《初恋》中所描绘的那么冷漠、与家人那么疏远的人物。谢尔盖·尼古拉耶维奇·屠格涅夫亲自过问孩子们的生活状况。他在信中写道："你当然知道，我对你的学习情况是多么感兴趣……别草草地只给我写'老师们都很满意，我尽力牢记您的吩咐'，而要把各科情况分门别类详细地写信告诉我。譬如,在法语和德语方面你学了这个;在拉丁语方面学了一点、两点……在俄语方面,学了那个……同样,在地理、历史方面我们学了哪些章节;最后,在数学方面,我们又学了些什么。以此类推,凡是你学的所有学科,都要详尽地写下来。另外,也别忘记音乐课程。"还有非常重要的一点要提一下,因为这涉及一个作家的成长。在这一点上,谢尔盖·尼古拉耶维奇和当时的大多数人不同,他希望自己的两个儿子能用无懈可击的俄语写信。他给他们写道:"你们经常用法语或德语给我写信。你们为什么轻视自己祖国的语言呢?……是时候了,确实是到了应该改变这种情况的时候了!要通晓一门语言,不仅会说,而且要会写。必定要用俄语来写信。要做到这一点,你们可以用这样的方法记日记:星期一用法语写,星期二用德语写,星期三用俄语写,就这样按顺序往复循环。"

约莫 1827 年,屠格涅夫全家迁居莫斯科,伊凡便在那儿上学。当初,莫斯科是一座充满神奇诗意的城市。冬季里,在白雪覆盖的街道上,只能听到轻轻的马蹄声和雪橇的嚓嚓声。涂了色的大教堂上,金碧辉煌的圆屋顶在隆冬的静谧中闪闪发亮。在屠格涅夫的一生中,这些教堂永远萦绕在他的脑海里。十四岁时的屠格涅夫是个温柔、懦弱而好幻想的男孩,他喜爱诗歌与文学。他长得身材高大,略微有些驼背。后来,进大学时,人家要他在一张纸上签字,表示并未参加任何秘密社团,他便签了字。然而,出于对家庭的反抗,他却是个共和党人，而且还在卧室里悬挂了一幅富基埃·丹维尔①的肖像。他周围的同学都自认为是革命者。在莫斯科大学里，农奴主总是只被比喻为猛虎和蛇蝎那样凶狠毒辣。一下课，大学生们便在宿舍里围坐在茶炊周围谈论着。他们对理论问题的讨论有着令人难以置信的兴趣。"请设想一下，置身于五六个青年组成的集会上的情况吧。只有一支蜡烛照明，大家喝着变味的茶，啃着硬面包。但是，请您看一下我们的脸，听一下我们热烈的争论吧。所有的人都脸上发烧，心情激动，眼睛里迸射出热情的光芒。我们谈论上帝、真理、前途，人类和诗歌。这时候，天真而轻率的念头就层出不穷；不少荒唐念头，不少口误激励着这股争论的热情；但是，这又有什么不好呢？请回想一下发生这一切的那个凄惨、阴郁的年代吧。"

嗣后，屠格涅夫从莫斯科转到被公认为比较严肃的圣彼得堡大学去念书。那儿的教育是按德国的教育方法进行的。屠格涅夫和他所有的同学一样，经历了一个受形而上学思潮影响的阶段。当时，歌德的思想，尤其是黑格尔的思想十分流行。哲学辞藻使一些最简单不过的举动都蒙上了一层神圣、晦涩的色彩。大学生们专程跑到索科尔尼基去"沉湎于宇宙浑然一体的泛神论情绪之中"。

屠格涅夫在十七岁时便开始撰写一部自传。他写道："我刚满十七岁。我要把我自己的一切、我的全部生活都写下来。我为什么要这样做呢？有两个原因：首先，我刚读完让-雅克·卢梭的《忏悔

---

① 富基埃·丹维尔（1746—1795），法国法官，夏德莱地区检察官，1793 年 3 月成为革命法庭的检察官。

录》，使我产生了写一本我自己的《忏悔录》的念头。其次，我现在记叙下我的生活后，在五十岁之前就不再打开这个本子。到了五十岁时来重温一遍我今天的所思所想，一定是很有意思的。我写完了这样一篇开场白后便开始撰写这本书。"不过，他没写多少就搁笔了。

在青少年的内心里几乎总是会同时产生精神上的不安和肉体上的欲望。屠格涅夫家的宅院里住满了听凭少爷摆布的俏丽姑娘，屠格涅夫在她们身上初次尝试了儿女之间的情事。事隔很久，有一次在马尼用晚餐时，屠格涅夫向龚古尔兄弟①、都德②、福楼拜描述他的风流艳事道："那时，我太年轻了，是个未谙世事的童男，怀着十五岁的少男所具有的欲望。我母亲身边有一名贴身女仆，长得十分俏丽，但神情却显得很愚蠢，不过，你们知道，长在有些人脸上的蠢样反而能使她们大为增色。那天，天气湿润、闷热，正下着雨，就像都德刚才描绘的那种容易产生春情的天气。暮色已开始降临。我在花园里散步，突然看见这个姑娘笔直向我走来。她一把拉住我（别忘了，我是她的主人，而她在那儿却是一个女奴），抓住我颈背的头发，对我说：'来！'接着便是一种类似于我们所经历过的感觉。但是，我有时还会想起我的头发被温柔地抓住，还有她所说的那个唯一的字眼。而且，每当我想起这些时，我便感到十分幸福。"

---

① 龚古尔兄弟是指爱德蒙·德·龚古尔（1822—1896）和他的弟弟朱尔·德·龚古尔（1830—1870），他们都是法国自然主义作家。
② 都德（1840—1897），法国小说家。

当时，屠格涅夫是个肉欲与感情的奇异混合体。"我回想起来，在那时候，女子的形象和爱情的幻影几乎从来没有以明确的轮廓在我的头脑里出现过。但是，我所想和所感受到的一切中隐匿着一种半意识的、富有诗意的预感，某种不可名状的东西，某种无法表达的温柔而女性的东西。"他曾对福楼拜谈起他爱过的第一个女人的眼睛。他是完全把这个女人当作一种不现实的东西来爱的。"我，"他对福楼拜说，"我的一生不乏各种女性。对我来说，书籍或世上任何别的东西都不能替代女人……怎么解释这种情况呢？我觉得，只有爱情才能使人产生任何东西都无法给予的某种喜悦，嗯？……听着，我在还十分年轻时便有了一位情妇。她是圣彼得堡郊区的一个女磨坊主，是我在狩猎时见到的。她长得妩媚动人，皮肤白皙，眼神传情，这种眼神在俄国是很常见的。她不愿接受我的任何礼物。然而，有一天，她对我说：'您应该送我一件礼物。''您要什么呢？''给我带一块圣彼得堡的香皂来吧。'我便把香皂带来给她。她拿起香皂飘然而去。回来时，她双颊绯红，向我伸出一双散发出优雅的芳香味的手来，对我喃喃道：'吻我的双手，就像您在圣彼得堡的沙龙里吻那些贵妇人的双手那样吻我。'我听了不由得跪倒在她的脚下。您知道，在我的一生中没有比这一时刻更珍贵的了。"

我们开始大体上能了解屠格涅夫十八岁时的情况了。这位魁梧的彪形大汉长着两根过分短小的拇指，这是软弱的标志。（他常常瞧着自己的拇指说："长了这样一双手，有什么办法呢？"）他的神情"纯朴、愉快且又自信，最初同他接触时，他显得有些笨拙。人们通过这种神情,一眼便能辨认出那些在草原上土生土长的贵族子弟来⋯⋯他步履稍显迟疑。别人一瞅他,他便露出不信任的微笑。他性情随和、身体健康,一副懒懒散散的样子,总是无精打采的⋯⋯"后来,他父亲去世了,但瓦尔瓦拉·彼特罗夫娜仍健在,代行了父权。瓦尔瓦拉和许多俄国人一样,对本国的大学极为蔑视。当时,一切科学均来自柏林。她决定送儿子去德国完成学业。

　　屠格涅夫在柏林找到了一群年轻的俄国侨民,他们的精神首脑是斯坦凯维奇①。不久,又来了两个人,这两个人后来在他的生活中起了极大的作用,他们是亚历山大·赫尔岑②和巴枯宁③。赫尔岑是一位姓雅科夫列夫的俄罗斯地主和一个俏丽的符腾堡女子的私生子(他们之所以给他起名为赫尔岑④,是为了证明这个孩子出生时他俩心心相印的程度)。他虽然刚年满二十四岁,却已经因为言论过激而被逐出俄国,远居异国。巴枯宁是个令人惊奇的复杂人物。他的命运和天性与屠格涅夫相同得出奇。他与屠格涅夫一样,也是一位"老爷"的儿子。他的父亲在普雷穆基诺领地里拥有一千二百个"灵魂"。巴枯宁体格魁梧,是个彪形大汉,在这一点上,他也与屠格涅夫一般无二。不过,他的脸上有卡尔梅克人的特征,脸

---

　　①　斯坦凯维奇(1813—1840),俄国唯心主义哲学家、文学家。他认为自然界是绝对精神活动的结果。

　　②　赫尔岑(1812—1870),俄国作家和革命家,侨居英国期间主办政治和文艺报《钟声》。在他的小说《谁之罪?》里提出了农奴制问题。

　　③　巴枯宁(1814—1876),俄国无政府主义者。

　　④　赫尔岑,源出德文,意为"心"。

部的线条比他的朋友屠格涅夫要粗得多，一头浓密的褐色长发梳向脑后。他青年时代的经历更为坎坷。他曾反抗过他父亲，还反抗过沙皇。他曾使他的姐妹也与他一样狂热。她们纯洁无瑕，对这位兄长崇拜备至，一边在国内阅读着让·保尔①和诺瓦利斯②的书籍，给巴枯宁寄来了一封封热情洋溢的信函，一边鹄望他归来。巴枯宁引起了屠格涅夫极大的兴趣。屠格涅夫时而对这位朋友的滔滔雄辩赞赏备至，时而又怀疑在这个强壮的躯体内也隐藏着一颗像他一样懦弱的心。

巴枯宁和赫尔岑如出一辙，在侨居柏林的岁月里还只是个温和主义者。这一帮青年所公认的哲学大师是黑格尔，因为黑格尔指出凡是现实的都是合理的，他的这帮信徒接受由历史造就了的那种社会。屠格涅夫的新朋友们对他断言，天地万物都是按神的绝对精神旨意创造出来的，历史也只是普遍理性的发展结果。如果一位属于比较激进团体的朋友说，只需一名挨饿的乞丐就足以摧毁大自然的和谐，那么，黑格尔派的哲学家们会回驳道："即使我们不了解某种特殊情况，我们也认定精神与理性主宰着世界。"

世人几乎总是要求一种学说能证明他们的情感和行动是合理的。俄罗斯青年们在 1840 年时，屈从于一位君主的统治之下。他们明知这位君主是个专横独裁的暴君，却又情不自禁地崇拜他。他们认为在黑格尔的《法哲学原理》一书中找到了他们逆来顺受的遁词。书

---

① 让·保尔(1763—1825)，德国作家。让·保尔系笔名。
② 诺瓦利斯(1772—1801)，德国作家。

中说,国家是一个活生生的机体,历史怎么造就它,它就是怎么样。某个个人、某个团体都不能按自己的意愿来改造它。"因此,对绝对服从沙皇的必要性也就无须争论了,这本身是显而易见的……"

那一类是属于黑格尔派的右翼。但是,赫尔岑已隐隐约约感到,从黑格尔的哲学中同样也能找到证明一切反对君主专制政体的斗争都是合法的论据,因为,如果说"凡是现实的都是合理的",那么,革命家作为一个现实的人,便也是历史场景的一部分。"如果现有的社会秩序已被理性证实是理所当然的,那么,一切反对现有社会秩序的斗争,从它存在的那个时刻起,也同样是理所当然的。"就这样,产生了黑格尔哲学的左翼。而且,从中再一次显示出这样一个结论:世上的人在摒弃了具体现实这个稳固的基础时,便一味空谈;而且,作为交流工具的语言也不应成为一种信仰。康德说:"轻盈的鸽子也许认为在真空中可以更加自由地翱翔。"

然而,屠格涅夫似乎在参与这类精神会餐的同时,总是脚踏实地,与地面保持着接触。他把一些认为爱情有其神圣性的狂热想法与平庸的放荡生活混合在一起。奇怪的是,他在这方面受到他母亲的鼓励。母亲执意要求他向她吐露他自己最隐秘的生活。"你是我的星辰,"她写信对他说道,"我的生活全赖于你了。"她还在她的日记中这样写道:"约翰①是我的太阳;我只看到他。一旦他倏然失去光彩,我就什么都看不见了。"有时,她给儿子写道:"我的让讷特,

---

① 约翰是屠格涅夫的母亲给他起的法文小名,后面的"让讷特"是他母亲把他当作女孩看待的昵称。

我亲爱的女儿,你是我的掌上明珠。"在这位男性化的母亲和带女人气的儿子之间,角色完全颠倒过来了。当屠格涅夫有了一位年满四十的情妇时,他母亲对此表示十分满意。"我以前总是希望你能得到一位阅历很深的中年妇女的爱情。就是这类女子在培育青年一代。而且,这对彼此都有利。这位女子因为有了一个年轻的情人而满足了虚荣心,而年轻人却从她的经验中得益匪浅。"这位母亲简直是男性化到了玩世不恭的地步。然而,儿子却在烟草堆中无休无止地谈论着黑格尔。这些放置在家具上的烟草堆令人联想起斯帕斯克村的草垛。在柏林的那些俄罗斯大学生,就这样边谈边品尝着瓦尔瓦拉·彼特罗夫娜供给她心爱的儿子的馥郁芳香的茶叶。

屠格涅夫二十二岁时从德国回国。他重返故居,又见到了久别的池塘、天鹅和老仆人,又闻到了那熟稔的亚麻、荞麦的芳香味,又听到了白桦树树叶随风飘动的飒飒声,内心感到十分幸福。屠格涅夫酷爱狩猎,重返家园后,立刻就重新拿起猎枪。春天里,拂晓前便起程去打猎,奔驰在俄罗斯大平原上,还有什么事情比这乐趣更大呢?"您出门,走到台阶上……举目望天,见一片灰蒙蒙的天空中还有几颗残星在闪烁着;您依稀听到夜间特有的、隐秘而模糊的喃喃声;被黑影包围着的树木发出微弱的飒飒声。辕马在微微打战,喷着鼻息,优雅地踢蹬着前蹄;一对刚睡醒的白鹅静悄悄、慢吞吞地穿过道路……您坐定身子,马儿猛地迈开步子向前冲出,马车发出隆隆的声响,疾驶而去……池塘上袅袅升起一层轻雾。您感到一阵凉意,便竖起大衣领子,身子一斜,听凭自己进入朦朦胧胧的甜蜜的梦乡……然而,晨曦初露,天空中已经泛起一道道长长的金色光带;山谷里烟雾缭绕……一切都新鲜、欢乐,醉人心田!……鼓起胸膛自由地呼吸吧!舒展四肢痛快地活动活动吧!春天清新的气息真叫人感到生气勃勃、精神振奋!……"

屠格涅夫这次在斯帕斯克村逗留期间,看中了他母亲的一个女裁缝,使她成了他的情妇。后来,这个女裁缝给他生了一个女儿,取教名为彼拉盖雅。伊凡对这件事感到有些困窘。当他对孩子的母亲将会受到何等待遇一事表示惶恐不安时,他母亲给他写信道:"你这个人真怪!无论从你或从她哪方面来说,我都看不出有什么不好。这纯粹是出自肉体的爱。"1840 年时,俄国贵族的道德风尚脱胎于 18 世纪法国的社会道德风尚,但带有其自身古朴的一面,这一点却是思想开放的梅尔端伊夫人所望尘莫及的。

屠格涅夫在享受这纯粹肉体情爱的同时,与巴枯宁的一位妹妹达吉雅娜一起继续撰写一部纯粹精神①的小说。达吉雅娜二十七岁,为人热情,对思想意识问题十分着迷。起先,她与她兄长②之间的手足情谊显得很神秘,而且还有些暧昧。后来,分离使他们俩慢慢平静下来。在柏林时,巴枯宁曾交给屠格涅夫一封家信。屠格涅夫前往普雷穆基诺转交这封信时,被巴枯宁的三位妹妹当作兄长接待。他出色地给这三位热情纯洁的少女讲述故事。他的才华打动了她们的心,使她们为之倾倒。达吉雅娜断定自己遇见了一位不久

---

① 即指屠格涅夫与达吉雅娜的精神恋爱。
② 即指巴枯宁。

就会成为伟人的人物。然而,屠格涅夫与女子之间的关系大约总是带有双重感情色彩的。他满怀激情地进攻,被他追求的女子信任了他,并报之以同样的热情。但他很快就发现自己生来就不适合对付强烈的感情,甚至对这类感情感到恐惧。于是,他胆怯地节节后退,被他追求的女子便感到十分沮丧、失望,对他产生了轻蔑。

屠格涅夫与达吉雅娜·巴枯宁的情况也正是如此。他先和她谈情说爱,后来,见自己已征服了她,便马上希望把这种爱情关系转化成精神关系。"我从未像爱您那样爱过一个女子,"他给达吉雅娜写信道,"但是,即使对您,我也并不是全心全意、深挚地爱着的。不过,我的心灵已令人不可思议并且难以解释地与您结合在一起了。为了您,只是为了您,我才希望自己成为诗人。哦! 如果在某个春天的早上,我们俩能在一条椴树成行的漫长的小径上散步,如果我能握住您的手,感到我们彼此间心灵交融,那么一切平庸无奇的东西都会永远烟消云散了。"

但是,一切平庸无奇的东西并未烟消云散。这一点,达吉雅娜感觉到了。她当时是全心全意地爱着的。她曾这样写道:"对一个女子来说,当她整颗心在胸膛里激烈地颤动,内心好比一片无底的汪洋大海时,为人在世就没有比感到这样的爱情更教人愉快的了……"她在对屠格涅夫有了更深的了解之后,发现他是这样一个青年:心不在焉,有些任性,而且还轻率地谈论德行。"真奇怪,"她辛酸地说,"有些人竟然会自以为可以为所欲为,竟然会把最神圣的东西当作他们的玩物,甚至毫不犹豫地把别人从船上推入水中,视他人的生命为儿戏。为什么他们对自己也不能真诚相见,严肃对待呢? 难道他们不懂得真理与爱情是什么东西吗?"

根据屠格涅夫所讲的故事来看,他谅必毕生都被一种男女之间鲜明的性格对照所困扰,一面是性格懦弱、神经质的年轻男子,另一面是热情奔放、意志坚强的姑娘;一面是过于深思熟虑的成年男子,另一面却正相反,是个大胆的、完全信赖生活的妇女。屠格涅夫身上那种男性性格的特殊的一面无疑是由他所受的教育铸成的,显得很突出。然而,这是一个比较普遍的特点。梅瑞狄斯①观察到并描绘过这一特点。不能产生激情的人赞赏激情,并发现女子身上往往要比男子身上更容易有这股纯洁的激情。

也许,那时候,屠格涅夫也已经是一个过于正直、过于严谨的有识之士了,以至他不能放纵自己。在任何一种强烈的感情中都有下意识的盲目性和一种好像色情狂的成分。严谨使热情奔放的人感到讨厌,而且会激怒他们,与此同时,狂热也使性格恬静的人感到恼火,这种人嗅觉灵敏,能透过这种热情识破内中极其细微的矫揉造作。一天,屠格涅夫撰写一篇关于一位老处女爱上了一个大学生的短篇小说。他在小说结尾处这样写道:"然而,青年重新收回了他的权利。一天早上,他醒过来,对他的'姐姐与好友'怀着一股强烈的仇恨,以至他几乎要殴打奴仆,一泄心头之恨。而且,事隔好久以后,只要别人在言语中对狂热而无私的爱情稍有些许暗示,他都准

---

① 乔治·梅瑞狄斯(1828—1909),英国作家兼诗人。

备狠狠地咬他一口。"

　　雪莱在与希契纳小姐交往过程中也深深领会过这种狂怒的滋味。① 那些堕入情网的女子,当她们爱上的是一位才华出众的男人时,善于用一种无意识的、巧妙的手法迁就附和对方的意见,以此来掩盖自己的欲望。而男人则绝不允许她们耍弄这套把戏,他一旦察觉到这种把戏,便会断然决然地摒弃它。对于这种误会,应该更多地指责人类的聪明才智,而不是指责某些人的背信弃义。

　　伊凡·谢尔盖耶维奇·屠格涅夫在他的一生中从事什么呢?他曾想当一名哲学教授,但很快便放弃了这个打算。他也这样对待其他职业。他的母亲倒也很想得开,接受了他只做一个游手好闲的人的想法。她说道:"你什么也不愿干吗?上帝保佑你,那就什么也别干,安安静静地生活吧,爱在哪儿过都行,随你的便……你喜爱写作、散步、狩猎、旅行吗?谁妨碍你去干这些事了吗?到圣彼得堡去过冬吧!在那儿,尽情地玩,去戏院看看戏吧!春天里,你就回到乡下来。到了夏天,咱们一起去旅行。秋高气爽时你就去打猎。生活吧,让我们在你的身边一起生活吧!"

　　但是,在她身边过日子并不是件容易的事。她年事渐高,性情也就变得越来越乖戾、暴躁。倘若她在复活节②前的星期日早晨醒

---

　　① 雪莱曾把希契纳小姐当作精神上的挚友,但希契纳小姐想入非非,想当雪莱夫人。雪莱婚后仍与希契纳小姐保持友谊,但希契纳小姐的矫揉造作使雪莱无法忍受,最后不欢而散。

　　② 复活节是指纪念耶稣复活的节日,一般在每年春分月圆的第一个星期天庆祝,时间是 3 月 22 日至 25 日。

来时情绪恶劣，她便会命令所属的二十所村庄里所有的教堂都不许敲钟，而且宣布任何人都不得在这一年过圣周①，因为她自己身体不适，无法享受圣周期间的乐趣。她命人把一条瀑布改道而流，因为它扰乱了她的睡眠。她喜欢吃一种粥，这种粥只有几俄里②以外的村庄里的人才煮得合她的口味。她便命人骑马接力把粥送来，以便粥送到时还是热腾腾的。伊凡，这个具有浓厚的民主思想的伊凡，有时在农奴问题上同他母亲发生争吵。然而，他总是败下阵来，轻易地承认自己的失败。

屠格涅夫尽力设法远离这个"生育女神"③，到圣彼得堡社交界中去厮混，在那儿扮演一个像唐璜或曼弗雷德④那样的角色，因为他是崇拜拜伦的一名读者，同时本身又非常浪漫。但是，在圣彼得堡，别人并没把他的浪漫主义当真。这位腼腆的唐璜令人发笑。安年科夫⑤说，"在他身上，果断和谨慎、胆量和心机都融为一体"。屠格涅夫在那儿写作诗歌、戏剧，无休无止地与人争辩，尤其是与评论家别林斯基⑥在"关于西方和俄罗斯"方面争论不休。这情况又同当年在大学里一样。他们总是谈论、谈论、谈论……"怎么?"有一次，别林斯基在长达六小时之久的讨论之后嚷了起来，"我们还没搞

---

① 圣周是指复活节前一周。
② 1 俄里约合 1.067 公里。
③ 即指屠格涅夫的母亲。
④ 唐璜是英国诗人拜伦 1823 年的长诗《唐璜》中的主人公，曼弗雷德则是他 1817 年的诗剧《曼弗雷德》中的主人公，均系风流人物。
⑤ 安年科夫(1812 或 1813—1887)，俄国文学批评家。
⑥ 别林斯基(1811—1848)，俄国革命民主主义者、文艺评论家、哲学家。

清是否有上帝存在,您倒想吃晚饭了?"

　　那时,圣彼得堡的文学界分为斯拉夫派和西欧派两个集团。斯拉夫派希望在纯洁、朴实的俄罗斯精神中同时找到他们的艺术和哲学的题材。"对于斯拉夫派来说,凡是俄罗斯的东西都是神圣的、奇妙的,如东正教,俄罗斯式的生活,俄罗斯的艺术……俄罗斯仗仰着上帝的神助,应该成为引导摸索着前进的人类的一盏明灯。"与此相反,西欧派却主张俄罗斯应该向西欧学习。屠格涅夫身为柏林的大学生、席勒①的热忱的读者,又是乔治·桑②的崇拜者,他置身于西欧派中感到更加自如。后来,在他所著的小说《烟》中,他曾相当辛辣地嘲笑了斯拉夫派。书中一个人物包特金说:"今年春天,我参观了伦敦的水晶宫;正如您所知道的那样,在这座宫殿里收集陈列着各种各样的发明,真可称得上是一部人类文明的百科全书。我在所有这些机器、工具和伟人们的雕像中间漫步,突然想到,如果某个民族要从地球表面倏然消失,与此同时,如果这个民族所发明的一切东西也都要从宫里消失殆尽,那么,我们亲爱的祖国,信奉正教的俄罗斯就会堕入十八层地狱,而且不会动摇一颗钉子,不会移动一根细针,宫中所陈列的一切都将安然无恙,维持原状。因为,我们最主要的产品:茶炊、树皮制的鞋子、鞭子等都不是我们自己发明出来的。"

　　在斯拉夫派看来,欧洲的文明早已堕落,俄国则是唯一使人们

---

　　① 席勒(1759—1805),德国剧作家、诗人。
　　② 乔治·桑(1804—1876),法国女作家。

还有希望拯救文明的国家。而对西欧派来说，俄国同其他国家一样，也是个文明古国，但它已腐朽变质。这两大集团互相敌视，结下不解之怨。

屠格涅夫虽感到自己是个西欧派，却难以表态。因为，他对政治和对爱情一样，不善于产生激情。他属于那类不偏不倚的旁观者，那种会情不自禁地意识到在对手的观点中也有一点道理的人。他不喜欢政党或集团以势压人。他说："一个社团用争论来替代交谈，把大家引入徒劳无益的高谈阔论中去……使他们的心灵丧失了朝气和坚贞。一个社团意味着在友谊和博爱的辞藻掩盖下的枯燥无味和穷极无聊，也就是一种在赤诚相见、互表同情的借口下的一种隔阂和诽谤的混合体。"但是，屠格涅夫一边冷酷无情而又准确无误地鞭笞了社团的种种弊端，一边却又心甘情愿地时常出入那些激进的社团。

在1843年至1844年的冬季，很久以来一直被圣彼得堡拒于门外的意大利歌剧重返舞台。在前来演出的这些歌唱家中有一位名叫波利娜·维亚尔杜的女子，她在未出嫁前名叫波利娜·加西亚。波利娜出身于一个音乐世家，父亲马尼埃尔·加西亚曾是西班牙著名男高音歌唱家。波利娜第一次登台演唱时，她的姐姐玛利亚·菲利西亚（艺名叫拉·玛利布朗）已去世三年。曾经热恋过玛利亚的缪塞①，听见玛利亚的这位年幼的妹妹的歌声，还以为又听到了玛

---

① 缪塞(1810—1857)，法国浪漫主义剧作家、诗人。

屠格涅夫传

利亚那动人的歌喉。缪塞甚至还向波利娜大献殷勤,但这个"没良心的波利娜"却避开了他,嫁给巴黎的意大利歌剧院经理路易·维亚尔杜。这桩婚事是由乔治·桑一手操办的。乔治·桑非常喜欢波利娜,当然也就把她作为撰写康苏爱萝①性格的模型。波利娜·维亚尔杜长得并不漂亮:她双眼鼓起,面部线条粗犷,而且驼背。所以甚至可以说长得相当难看,但这是一种吸引人的丑陋。亨利希·海涅②曾把这种丑陋比作一幅富有异国情调的奇特的风景画。在波利娜和维亚尔杜的订婚仪式上,一位比利时画家曾对这位未婚夫说:"她奇丑无比,但是,要是我再见到她的话,我会爱上她的。"

波利娜在圣彼得堡一举成名。意大利歌剧成了大家唯一的话题。大学生们冒着生命危险,穿过尚未结成厚冰的涅瓦河,纷纷前来争购门票,以取得聆听"无与伦比的维亚尔杜"演唱的一席之地。

1843 年 11 月 1 日,屠格涅夫被介绍给波利娜。这一天对他来说便成了神圣的一天,此后,他每年都要纪念这个日子。当时,波利娜不可能把屠格涅夫视为一个饶有情趣的人物。别人也许事先已对她说过,屠格涅夫是个优秀的猎手,却是个蹩脚的诗人。但是,在妇女的心目中,恒心就是一大美德。屠格涅夫是如此忠心耿耿,紧追不舍,终于打动了女歌唱家的心,他被允许在她每天晚上演出后到她的化妆室去。在化妆室的镶木地板上铺着一大张白熊皮。波利娜身披白色浴衣,端坐在中央。谁有权挨着波利娜坐在熊皮的一

---

① 康苏爱萝是乔治·桑所著长篇小说《康苏爱萝》里的女主人公。
② 亨利希·海涅(1797—1856),德国诗人和政论家。

只爪子上,便是享有一种极大的荣誉。她把坐在四只熊爪上的这份荣誉分别授予四个男子:一位将军,一位伯爵,还有皇家剧院经理的儿子和幸运的屠格涅夫。屠格涅夫所坐的是第三号熊爪。每个占座者都必须在幕间休息时给维亚尔杜夫人讲述一个故事。可以想象,搞这玩意儿,屠格涅夫是轻而易举就能胜过将军、伯爵和经理的儿子的。

　　屠格涅夫对维亚尔杜夫人的一往情深不久便在圣彼得堡传得人人皆知,他逢人便说,而且这位彪形大汉过于热烈的掌声每天晚上都扰乱了观众的视听。第二年夏天,屠格涅夫为了到库尔塔弗内尔城堡登门拜访维亚尔杜夫人,初次旅行去法国。他在那儿成了波利娜的丈夫路易·维亚尔杜及其孩子们的朋友。很难搞清屠格涅夫究竟是不是维亚尔杜夫人的情人。① 路易·维亚尔杜绝不是个随和的丈夫。但是,他也可能并不知晓内中的真情。不管怎样,爱情也罢,友谊也罢,从那时起,这股激情充实了屠格涅夫的生活。翌年,由于波利娜不打算重返圣彼得堡而要去柏林,屠格涅夫也追随前往。后来,他又跟随她到德勒斯顿,而且还同她一道返回库尔塔弗内尔。

　　这座城堡坐落在离巴黎六十公里的拉布里。屠格涅夫在那儿找到了他心爱的女子、美妙的音乐和猎物。他在那儿度过整整一个

---

　　① 　谢苗诺夫曾就此事向大部分熟悉屠格涅夫和维亚尔杜夫妇的人打听过,他最后坚持认为屠格涅夫和维亚尔杜夫人之间肯定是有私情的。俄国最客观、消息最灵通的屠格涅夫派的格利夫斯也有同样看法。——原注

夏天。这种情形,在法国人看来是令人费解的,而在一些殷勤好客的俄国人看来,也许并没有什么值得大惊小怪的,因为在俄国的许多家庭里都能见到一些异国人好像养子养女似的常住着。当冬季来到时,维亚尔杜夫妇去作巡回演出,屠格涅夫便在巴黎的王宫附近找一间房住下,每天都去探望波利娜的母亲加西亚夫人,并称她为妈妈。

对于屠格涅夫来说,除了波利娜、波利娜的家庭和波利娜的职业之外,世界上别的什么都不存在了。他每天给她写去好几封谈论各类事情的冗长的信函。他指导她阅读书籍,同她谈论"渗透在她那细腻、高雅情趣中的如此正直、如此单纯、如此严肃的性格……"。他向她描述了在杜伊勒利公园里散步时的见闻:"我在那儿看一群儿童嬉戏……他们亲热的举动充满着稚气,小小的脸颊被初冬的寒意冻得发红,女仆们神色安详而和蔼;明媚的阳光透过高大的栗子树洒在地上;雕像耸立,河水静淌,杜伊勒利公园里一片庄严肃穆的深灰色,这一切都使我无限欣喜,使我在工作一上午后得到休息,恢复元气……您还记得我们透过晒黄了的山杨树叶观望万里晴空的那一天吗?……""我在这儿过着惬意的生活:整个上午我都工作;午后两点,我出门去妈妈家,在那儿待上半个小时,然后就读读报、散散步;晚餐后,我就去看戏或者再回到妈妈家,然后便上床睡觉,就这样过日子……"特别是,他在艺术方面向波利娜做了些颇有见解的忠告。如果波利娜演唱伊芙琴尼亚①，他便劝她阅读歌德的作品，认为波利娜虽然是法国南方人，但能出色地扮演一位古代纯朴、端正、沉静的少女的形象。"伊芙琴尼亚本身也不是个北方女子。您演这个角色真是如鱼得水。"

波利娜在外演出时，屠格涅夫最大的乐趣便是阅读报刊上登载的有关他女友演出成功的消息。一天，维亚尔杜夫妇正在英国旅行，而他却孑然一身在库尔塔弗内尔。他竟直言不讳地向波利娜的一位姨母承认自己身上已一文不名。这位姨母便赠他三十法郎。屠格涅夫用这笔钱到巴黎去阅读英国各家报纸上有关波利娜在伦敦举行音乐会的报道。城堡里的人开始认为屠格涅夫在这儿有些碍事，对他冷眼相看。然而，屠格涅夫却对此茫然不解。"维亚尔杜怎么啦？"他给波利娜写信道，"我住在此地使他感到讨厌了吗？……我活像一条狗，神情惨淡地坐在那儿，受人嘲弄，在令人目眩的阳光下眨巴着眼，茫然地用眼角观察着周围。"

1847年到1850年，屠格涅夫在法国度过。在这段漫长的岁月中，他勤奋地工作着。在从俄国起程到法国之前，他已在杂志上发表了一篇名为《霍尔和卡里内奇》②的短篇小说。通篇小说只是写了两个农夫之间一次纯朴的交谈，但它却以它的真实性深深打动了所有读者的心。在俄国，这些农奴被那么多有学问的人当作牲畜一

---

① 伊芙琴尼亚，希腊神话中英雄阿伽门农之女。其父曾因冒犯狩猎女神阿耳忒弥斯，受到报复，战船不能开行。女神提出须以伊芙琴尼亚为牺牲，方可息怒，阿伽门农只得遵办。
② 《猎人笔记》的第一篇。

般看待,而屠格涅夫却发现在这些农奴身上有令人惊讶的、复杂细腻的感情。当时,有人曾请屠格涅夫再撰写一些故事。于是,他在1847年,给《现代人》杂志写了八篇新的短篇小说,同样也都取得了成功。作者在这些故事中叙述了他在斯帕斯克附近狩猎时的所见所闻。表面看来,这些故事没什么了不起,所描写的都是些俄罗斯的典型:老爷、管家、农夫、助猎者的交谈,儿童的笑语,苍翠的森林和茫茫的平原景色,还有优美的夜景。然而,连最好的评论家也承认这些作品具有无穷的艺术魅力,每个细节都写得确切无误,各种人物特征都把握得十分得体。

这些短篇几乎没有什么主题。其中有一篇是写一天夜里一个猎人迷了路,后来在茫茫的夜雾中走到一群在草原上看守马群的农家孩童的帐篷那儿。孩子们彻夜都在谈论俄罗斯乡村的一些传说。到了天明时分,大家话别。全部故事就是这样。这篇名叫《白净草原》的小说却是一篇杰作。静谧而美妙的夜晚从未被这样出色地描绘过……一位猎人坐在树林里,由于树枝的遮掩,正在他附近争论的两个农民(一男一女)却并未瞧见他。后来,那男人扬长离去,留下那姑娘独自一人凄惨地哭泣。小说中的人物虽隐约可见,却栩栩如生,人物的忧伤渗入大自然的悲哀中,这篇小说就叫《幽会》。《美人梅奇河的卡西扬》叙述了作者由于车轴折断不得不在一位老农家里停留,这位老农有点儿像巫师又有点像诗人。……一个农夫抱怨他那痛苦深重的生活,而另一个曾当过男仆的农民却吹嘘自己旧日主人的阔绰生活,这篇小说就叫《莓泉》。

屠格涅夫运用十分含蓄而巧妙的艺术手法，熟稔地把大自然冷漠的美掺和在人们的痛苦生涯中，在作品中营造出一派静谧的气氛，一切细枝末节都引起惊人的回响。他所描绘的景色精致独到，别具匠心。从来没有人像他那样刻画树木和树叶的。"树叶在我头上轻轻地喧噪，仅由这种喧噪声也可以知道是什么季节。事实上，这不是春天愉快、欢乐的战栗声，也不是夏季柔和、绵绵的私语声，也不是深秋时分羞怯、凉爽的飒飒声，而是一种昏昏欲睡的絮絮声……"这是出自一位长期与大自然亲密相处，谙熟自然景色的人之手的写景，而不是出自一位仅仅为了刺探自然的奥秘而对它走马观花一番的作家笔下的景物描写。

然而，特别使俄国读者为之感动的，就是他对农奴制的间接讽刺，这种讽刺不是直截了当的，而是隐喻含蓄、一针见血、精辟有力的。屠格涅夫是位伟大的艺术大师，绝不会开门见山地阐述一个论点。况且，他如果直截了当地表明自己的论点，那么书刊审查机关就会从中刁难，阻止他出版短篇小说。但是，把农民搬上文学舞台，并且让这些几乎不为人知的人物很有见解地说出他们的心声，仅仅这件事就已经是对当时农奴制的一种指责了。屠格涅夫笔下所刻画的农民都情操高尚、通情达理。他揭示了农民们的悲惨遭遇、管家们的凶恶残忍，以及地主老爷们的愚昧无知。他曾这样描绘一个烂醉如泥的老爷强迫一些女奴整夜整夜地献歌献舞："如果她们显得疲惫不堪，他就双手捧头呻吟道：'啊！可怜啊！可怜的我呀！人家把我抛弃了……'于是，爪牙们便鞭打女奴，要她们加劲歌舞。"

　　　　　　　　屠格涅夫传

一个西欧人或者一个略懂西方文墨的俄国人,读到这些小说时都不可能领悟不出这类野蛮的状况不能长此维持下去的含义。

奇怪的是,我们可以看出,屠格涅夫当时虽然身居法国,却只是在对俄罗斯的回忆中寻找他作品的素材。1848 年,革命在西欧所引起的思想运动,虽然势必使他想起在柏林的好友赫尔岑和巴枯宁,但他甚至对这个运动也不大感兴趣。暴动的那一天,他只记下在人群中穿来穿去叫卖椰子和雪茄的小商人所持的冷漠、自然的态度。① 作为艺术家和小说家,屠格涅夫只能是一名旁观者。革命的失败使他的许多朋友感到沮丧失望,而屠格涅夫对此却无动于衷。他没有信仰。"谁说过人注定是自由的? 历史证明恰恰与此相反。歌德写下他那句名言'人生来就不是自由的',并非出于阿谀逢迎的意图。这仅仅是他作为一名严谨的观察家所陈述的一件事实,一条真理。"

1850 年,屠格涅夫决定返回俄国,虽然心中对他母亲仍不无恐惧之感。他原先一再推迟行期,原因也就在于怕见他的母亲。"俄罗斯将等待着,它那庞大、阴郁的面庞就像俄狄浦斯②的斯芬克司③那样朦朦胧胧,一成不变。它不久就要把我吞噬掉,我好像见到它

---

① 事实上屠格涅夫在听到革命爆发的当天便赶去。作者此处记述有误。

② 俄狄浦斯,希腊神话中底比斯国王拉伊俄斯的儿子,因神曾预言他将杀父娶母,出生后就被其父弃在山崖,但为牧人所救,由科林斯国王收养。他长大后想逃避杀父娶母的命运,却在无意中杀死了亲父,后因除去怪物斯芬克司,被底比斯人拥为新王,并娶前王之妻即其生母伊俄卡斯达为妻,后全国瘟疫流行,神示须除去杀死前王的罪人才能消灾。他追究原因,方知自己实已杀父娶母。伊俄卡斯达闻讯自缢,他也在悲愤中刺瞎双目,流浪而死。

③ 斯芬克司系希腊神话中带翼狮身女怪,传说她常叫过路人猜谜,猜不出即遭杀害。后因谜底被俄狄浦斯道破,她即自杀。

瞪着那双呆滞的大眼睛，木然地注视着我，神情专注而沮丧。这种目光就像出自一双石制的眼睛。放心吧！斯芬克司，我就要回到你的身边，如果我猜不出谜语，到那时，你可以随意把我吞噬，眼下再让我安静一段时间吧！我就要回到你的草原上来了。"

屠格涅夫终于做出了决定。动身前，他写信给维亚尔杜："我亲爱的好朋友，我不愿意在离开法国前不向您说明一下，我是多么器重并热爱您。我对这次不得已的分离深感遗憾……无疑，祖国是有权利的，然而，真正的祖国不就是人们得到最多的温情，其心灵与思想都感到更加自在的那个地方吗？在这个世界上，没有一个地方像库尔塔弗内尔那样使我喜爱的了。"

瓦尔瓦拉·彼特罗夫娜早就开始满怀柔情地等待她的"让讷特"归来了。后来，见他一再拖延归期，而且与一个半法国人血统、半西班牙人血统的女歌唱家厮混在一起，这位斯帕斯克村的可怕的女王便怒不可遏。因为，这样一来就等于她的两个儿子相继逃离了这所宅邸，而她原先指望在这所宅邸里支配他们的命运，驾驭他们的妻儿。她一气之下命人在大路上竖起一块告示牌，上面写着下列字样："他们将返回家园。"但她的两个儿子并没因此回家。当伊凡终于从巴黎归来时，她起先还待他较好，但没过多久，在她与她的两个儿子之间就发生了一些利益冲突。瓦尔瓦拉原先曾收养过一个女孩子，后来，她的两个儿子把这个姑娘撵走了。为此，她断然拒绝给他们钱财。她这样做并非出于吝啬，而是由于暴虐成性。于是，哥儿俩便离她而去。尼古拉跑到原先属于他父亲产业的屠格涅沃村居住,伊凡也跟了去。

屠格涅夫在刚回来时找到了他与女裁缝所生的女儿小彼拉盖雅。他写信告诉维亚尔杜夫人,说他这个小姑娘很可怜:"我要让您了解有关我的任何事情。九年前,我身居乡村,感到百无聊赖。我母亲身边一个相当俏丽的女裁缝引起了我的注意。我悄悄对她说了一句话,她就来了。事后,我给了她一点钱,就走了。"他接着又写道,他要尽力帮助孩子的母亲,但是小孩却应该过另一种生活。维亚尔杜夫人回了信,表示愿意把小姑娘领到她家去住,让她和自己的孩子一起受教育。于是,彼拉盖雅被送往巴黎。①

正当屠格涅夫忙于安置女儿的生活时,他的母亲却在莫斯科那幢古老的宅邸里奄奄待毙。她在快死时仍像她平时一样孤僻、一样霸道。除了葡萄和冰块之外,她什么也不吃,一心忙于用铅笔在床头放着的本子上写下讥讽性的批语。"她临终前的那几天,情况十分凄惨,"屠格涅夫在给波利娜的信中写道,"愿上帝别让我们像她这样死去。她只想竭力麻醉自己。她在临终前一天,喉头已发出嘶嘶的喘息声,而一个乐队却奉她的命令在隔壁房间内演奏波罗乃兹舞曲……我母亲在弥留之际,别的什么也不想,只想使我的哥哥和我破产。此话我真羞于说出口。"后来,两兄弟平分了母亲遗下的土地。斯帕斯克村成了伊凡的产业。这位新老爷对底下人宽宏大量,

① 屠格涅夫定期把女儿的膳宿费用寄给维亚尔杜夫妇。他的书信证实了这一事实。后来在屠格涅夫与维亚尔杜夫妇一起生活时,他依然一丝不苟地照付自己的费用。(参阅法斯盖尔书社出版的屠格涅夫致维亚尔杜的信件,以及谢苗诺夫先生即将发表的屠格涅夫给他女儿的信件)——原注

仁慈相待。不对,他也并不打算给予他们自由。他虽然因为拥有农奴而感到局促不安,但又厌恶采取实际行动。做任何重大的决定都会使他惊恐不已,再说,农民们在他的庄园里也并非很不幸。庄稼汉们竭尽所能地偷盗他们那位"瞎眼主人"的财物。由于屠格涅夫总戴着单片眼镜,他们就给他起了这样一个雅号。屠格涅夫亲口对人说,有一天,他的马车在风雪中停了下来,他因为车子停留时间过长而感到十分惊讶,便探头向车窗外观望,只见马车夫和跟班这两个农奴竟然在玩纸牌。屠格涅夫不敢言语,把脑袋缩回车内,等待牌局结束。这是一种对待农奴非常宽容的方式。

屠格涅夫一心思念着波利娜和库尔塔弗内尔。他给波利娜写道:"您那亲切的音容没有一天不千百次萦绕在我的脑际,我没有一个夜晚不梦见您。哦!上帝!我愿把我整个生命像一块地毯似的铺在您亲爱的脚下,好让我吻上它千百次。您知道,我完全属于您,永远属于您。"他还写信请求波利娜允许他把即将出版的单行本《猎人笔记》题献给她。这封信的结尾是这样写的:"至于您,我久久地亲吻您的双脚。我要成千次感谢您那些心爱的指甲。"

此时,屠格涅夫已定居在莫斯科。他的一些短篇小说早已在莫斯科获得了巨大成功。现在他已成了一个时髦人物,各种沙龙都竭力想把他吸引过去。他编写了一些马利沃风格①的喜剧,让剧团上演。这种喜剧相当有趣,令人同时想起果戈理的《钦差大臣》和18

---

① 马利沃风格即指18世纪法国喜剧作家马利沃的过分细致且矫揉造作的描写爱情心理的笔调。

世纪法国的小型戏剧。屠格涅夫的这些喜剧虽然微不足道,却博得了热烈的赞扬。在首次公演的那些日子里,他念叨着波利娜的名字,祈求她的名字会给他带来幸福。一颗受了创伤的心,对一位年轻有为的作家来说,是一种比较合适的装饰品。现已出版的《猎人笔记》看来是一本见解十分胆大的书,它使屠格涅夫赢得了年轻人的推崇。第三厅(沙皇的政治警察)开始不安地监视起屠格涅夫的动向来了。但如果第三厅仔细看看这位巨人那娇弱的拇指,那它就不至于会太害怕他了。

第二章　四部杰作

——《罗亭》《贵族之家》《父与子》《烟》

　　1848 年的法国革命使沙皇尼古拉一世惶惶不可终日。他为形势所迫,不得不镇压在波兰和匈牙利相继发生的起义。这个专制政体中的堂吉诃德式人物,为了维护自己的统治,艰难地,几乎是绝望地同热衷于民主的人士进行殊死搏斗。书报审查官们也和所有政府官员一样,亦步亦趋,仰承君王的鼻息。他们删去一篇文章中所用的"大自然的壮丽"这样几个字眼,因为"壮丽"这个词与"陛下"的称号读音相同,当然也就非君王莫属。军事学校里的随军布道神甫在讲经时,必须宣扬基督的伟大之处主要就在于他对当局的顺从。令人惊讶的是,这样一个严厉的机构竟然会让《猎人笔记》"通行无阻"。即便如此,屠格涅夫的作品也还是无法长期幸免,终究逃脱不了它的魔掌。1852 年,伟大作家果戈理在莫斯科逝世。屠格涅夫给波利娜·维亚尔杜写信道:"在这个沉痛的时刻里,没有一个俄国人不为之悲痛欲绝。对我们来说,失去的不只是一位作家。他使得我们有自知之明，明白自己的处境……您也许觉得我因为悲痛而不免有些夸大其词。其实我所说的这种感受，局外人当然不甚了了，只有俄国人才会对它有真切的体会。"他另外还写道："我可以毫不夸张地说，我一生中所经历的事情，没有比果戈理的逝世更使我感到震动的了。我得悉这一噩耗大为震惊，仿佛头顶上汇集了无数漆黑沉沉的水波，在耳边嗡嗡直叫。"

　　屠格涅夫给一家报刊写了一篇悼念他老师①的文章，但这篇悼文被圣彼得堡当局的检查机构查禁。这倒并不是因为这篇文章具有煽动性，而是因为果戈理是位作家，"所有的作家都是些危险人物，对他们身后作过于热烈的褒扬只会促使年轻人去干那些该受指责的事情"。屠格涅夫并没抗议，却把手稿寄往莫斯科，那儿一位比较疏忽的审查官居然签发了这篇文章。后来，此事被人呈报给沙皇。沙皇勃然大怒，下令逮捕屠格涅夫。

　　屠格涅夫过了一个月的铁窗生活，不过，这种囚禁生活倒也不很凄凉。前来探监的人络绎不绝，街道上停满了这些探访者的马车。妇女们给他送来了圣像，姑娘们给他寄来了各种干枯的花朵，男人们则给他送来了美味佳肴和香槟酒。二十年后，屠格涅夫曾对他的那些巴黎朋友谈起，当时狱中的一名警长灌饱了香槟酒，喝得酩酊大醉，竟举杯对他喊道："为罗伯斯比尔②干一杯！"为了消磨时间，屠格涅夫便在狱中自学波兰语，并撰写了中篇小说《木木》。书

---

① 指果戈理。
② 罗伯斯比尔（1758—1794），法国大革命家。这里指屠格涅夫。

中叙述的故事是发生在瓦尔瓦拉·彼特罗夫娜宅邸里的一件真人真事。屠格涅夫的母亲便是书中的女主人公。

　　一个名叫盖拉西姆的农奴给一位专横跋扈、半疯半癫的女主人充当门房。这个门房是个聋哑怪人，只能用旁人不可理解的咯咯声来表达自己的感情。他在世上别无亲人，只有一条母狗与他相依为命。他就用"木木"这个含混不清的声音来呼唤这条母狗。长期以来，他把感情倾注在这条母狗身上，因有这一精神寄托而感到欣慰。但是，有一天，犬吠声惊醒了女主人。女主人下令处死这条狗。别的仆人深知盖拉西姆的惊人膂力，都吓得不敢妄动。但盖拉西姆却自己把母狗带到河中，在它的脖子上拴了两块砖，然后把狗抱在怀里，再一次深情地凝视着它。"它信任地望着他，轻轻地摇着尾巴。盖拉西姆忍住心酸，扭过头去，眼睛一闭，松开了双手。他什么也听不见，既听不见那可怜的木木突然发出的惊叫声，也听不见汩汩的流水声。他抬起头来，莫斯科河的河水依然潺潺而流，在他乘坐的小舟两侧溅起了浪花。"在这部书中，屠格涅夫像在《猎人笔记》中一样，并没有一句谴责的言辞。然而，那个暴虐的女主人的淫威与盖拉西姆的感人的心灵美之间形成了强烈的对比。这种对比就是对俄罗斯社会状况的一种无言而严厉的抨击。

　　一个月的监禁生活结束后，屠格涅夫得到当局的命令，被遣返原籍斯帕斯克村居住，不得离开庄园一步。他对这次流放深感悲伤。他早已开始爱好城市生活。而从今往后，他不能再在莫斯科求医，如果波利娜·维亚尔杜到圣彼得堡来演出，他也无法聆听她的歌声，他觉得那简直是件可怕的事情。虽然他相继恳求过皇帝和皇太子，但徒劳无补。他们冷酷无情，毫不动容。屠格涅夫曾在一部小说中描绘了他被遣送回乡时的情景。当时在归途上，气氛虽然忧郁，却也不无甜蜜的柔情。"拉夫列茨基把头倚在靠垫上，双臂交叉合抱在胸前，凝视着展现在眼前的呈扇形的广袤原野，望着在眼前横过的一片片金雀花丛，望着那些惊愕不安地瞪着马车的乌鸦和喜鹊，以及那布满了山艾、苦蓬和野菊的茫茫无际的田界。他凝视着，那新鲜而肥沃的草原上的一片静谧，那绵延无际的原野上的一片青翠葱绿，那起伏不断的冈峦，那长满了低矮栎树的山坡，那灰蒙蒙的小村庄，还有那娇柔的白桦，所有这些他已好久未见的俄罗斯景色现在则使他内心滋生出一种愉快同时又是痛苦的感觉。他的胸膛好像被一种激情压迫着，而这种激情却又不无甜蜜的感觉。"

屠格涅夫为了排遣愁闷，用七百卢布从他的堂姐那儿买了一名年轻的女奴。这个姑娘长得十分漂亮，名叫菲克梯斯塔。屠格涅夫教她读书识字，并留她在斯帕斯克村待了六个月，当他的贴身侍女兼情妇。见到他与这些漂亮而顺从的女奴之间维系着这种性爱，也是令人十分奇怪的。

隐居生活对小说家是否合适？这种隐居生活倘若过于彻底，那就会显得十分危险，因为这会使小说家什么也观察不到。只有当小说家手头已有大量的素材和资料时，过隐居生活才会大大有利于他的创作。就屠格涅夫当时所处的情况来说，这段生活倒是大有裨益，妙不可言的。首先，他在斯帕斯克村要比在莫斯科或圣彼得堡少分心，少受人纠缠讨教。他周围都是些农民、地主，这些人都可以成为他小说中的人物，而且他将敢于放手去描绘这些人物，远比莫斯科和圣彼得堡那些圈子里的人要大胆得多。严寒的冬天迫使他蛰居在家。"户外弥漫着烟雾，雪在悄悄融化；房屋在颤动着，发出咯咯的声响；窗前，白茫茫的雪花在黑夜中随风飞舞。"邻近的夫人们在为他演奏莫扎特的作品。他便在这种和声中孜孜不倦地伏案创作。

屠格涅夫现已对创作像《猎人笔记》中那类短小文章感到乏味。他年满三十五岁，便感到自己青春已逝。他觉得，如果自己要在身后留下一部著作，那就应该走另一条路，撰写一部大作品。

"我必须放弃我原来的那种写作方法。我已经花了足够的时间在混沌的人性中提取精华，并把它装入一些小瓶子里。亲爱的读者，我请您去嗅嗅它吧，把瓶塞打开，嗅一嗅吧！它有一股俄罗斯的芳香味，对吗？……够了，够了……但是，问题在于我能不能干一些冷静而又伟大的事呢？我能成功地写出一部线条清晰明朗的作品吗？对这一点，我毫无所知，而且直到我动手试笔时也不甚了了。但是，相信我，您将会看到一些出自我笔下的新颖东西，要不然就什么也看不到。正因为这样，我对我冬季的隐居生活感到很满意，我会有时间沉思默想，尤其是目前我正远离一切文学和新闻的影响，处于孤寂之中，更能聚精会神，全力以赴。只有当我身上不再有文人气息时，我才会成为一个有所作为的人。"评论家安年科夫给他写信道："……我期待着您能写出一部长篇小说，在这部小说中您将完全驾驭各种性格和各类事件的发展,而且又不陶醉于您的自我之中,也不醉心于让那些您爱之过甚的稀奇古怪的人物倏然亮相。"

屠格涅夫做了初次尝试。那部作品几乎就是他母亲的一部传记。然而题材的搬移却有不足之处,他几乎把瓦尔瓦拉·彼特罗夫娜的信件和记事本一字不差地复制了一遍。他把故事梗概给朋友们看,他们都劝他不要继续写下去,还是另找题材为好。1855年冬季,屠格涅夫的第一部长篇小说《罗亭》终于在五六周时间内写成了。

屠格涅夫初步尝试,竟大笔一挥写就了一部杰作。《罗亭》在小说的写作技巧方面来说,是一部迄今为止尚未被超越的典范之作,即使拿最伟大的作家如巴尔扎克、司汤达、托尔斯泰的作品与之相比,它也完全是别具匠心、独树一帜的。这部书的情节十分简单。一天,偶然的机遇把一位中年男子德米特里·罗亭带到了一群乡村地主的生活圈子中来。就在第一天晚上,他便给在座的众人留下了一个奇特的印象。罗亭口才出众,热情洋溢。女士们都认为他才华横溢,而男人们却对他心生嫉妒。只有附近一位愤世嫉俗的邻居提醒那些对罗亭仰慕不已的女士要小心提防罗亭。此人过去在大学里便熟识罗亭,他深知在罗亭这副光芒毕露的外表和这些高尚动听的言辞下掩盖着一个怯懦无能的灵魂。可是,主人的女儿却被罗亭所诱惑。她天真地准备牺牲一切,跟随罗亭,并嫁给他。然而,仅仅是姑娘的母亲稍一反对,罗亭便立刻妥协让步。他既不懂得爱,也不知道有所求。他拒绝这次爱情,他这样做并非出于无私,而是由于懦弱。在小说结尾处,我们透过简练的几笔隐约可见这种生活的彻底失败。屠格涅夫在后来所写的尾声①里让罗亭于 1848 年为了一项他并不信仰的事业而死于巴黎的一次巷战中。

有人说,德米特里·罗亭就是巴枯宁。这可能有一部分真实性,因为屠格涅夫总是根据某个活生生的模特儿来写作的,而在《罗亭》中,我们的确可以重新看到屠格涅夫遇见巴枯宁时相继产生的赞赏与恼怒两种矛盾的心情。但是在这一部小说的男主人公身上,同样具有许多屠格涅夫本身的影子。书中几位妇女最后对罗亭所下的断语就使用了达吉雅娜·巴枯宁在醒悟后写的那些信件中数落屠格涅夫时所用的语气。"严重的是,"她们说道,"他冷若冰霜。他明知这一点,却又费尽心机装作热情。糟糕的是,他所尝试的角色却是危险的。这样做,对他自己并无危险,既无损于他的财产也不影响他的健康,而对别人则不然,可能会使那些对他真心实意的人因此而丧魂落魄。我要责备他的是他待人缺乏诚意,不能肝胆相照。他应该知道他自己所说的话毫无价值,然而,他却煞有介事地说了出来,似乎这些话都是发自内心深处的肺腑之言。"

书中有一个人物叙说了罗亭的一桩艳遇:罗亭结识了一位漂亮的法国女子,博得了她的欢心。他同她谈论大自然和黑格尔,后来便与她约会,约她去莱茵河上泛舟漫游。两人在河上足足划了三小时。"你们想,罗亭在这段时间内干了些什么呢? 你们永远也猜不

---

① 这个尾声是在 1860 年加的。

到的。他摸了摸那位爱丽丝的头发,一边做着幻梦,一边凝望着天空,几次三番说他感到自己对她有着一股父亲般的柔情。这位法国女子压根没有料到这样一种无休无止的牧歌式情调,便气冲冲地回家了。罗亭就是这么一个人。"这一段描写也许就是巴枯宁的经历。伊斯芙尔斯基小姐曾谈起过的一段逸事可以使人这么认为。但是,我们也可以在此补充一句,屠格涅夫就是这么一个人。在德米特里·罗亭身上有一部分包法利性格①。只不过屠格涅夫要比罗亭好一些,因为他毕竟塑造了罗亭这个人物。一个人一旦看到自身的性格特征,他就有能力判断它、描绘它,也就是他能驾驭自己的性格了。

屠格涅夫的感人肺腑之处是,他担心自己对书中人物是否公平。罗亭并不像一些低劣小说中的主人公那样,是个性格一成不变的人物。对于他,我们也会像对一个真实人物似的改变看法的。在最初几章中,罗亭把我们都迷住了,后来,随着情节的展开,我们逐渐对他产生鄙夷之情,蔑视他,进而像他的朋友那样对他抱有这样一种想法:"罗亭自己将永远干不出什么事业来,因为他没有坚强的意志,但是,谁有权利能断言他从来没有或将来也永远不会对别人有用处?谁又有权利能肯定他的话没有在一些青年的心灵中播下种子,使之萌生出高尚的思想?大自然对这些青年就像对罗亭一样,并没拒绝赋予他们以必要的能动性。"正是由于这种逐步深入的

① 指作家福楼拜的小说《包法利夫人》中,女主人公对环境不满、追求个人幸福的性格。

探索，《罗亭》这部作品才成为技巧上完全新颖独到的一个"创举"。在这之前，我们很少见到对小说主人公进行这样面面俱到的剖析的作品。这种剖析是通过一些不同的侧面向我们揭示出来的，这种手法与观察家通过各种反应来观察人物完全一模一样。甚至到小说结尾时，我们对罗亭(就像对真实人物一样)依然感到捉摸不定，神秘莫测。与《父与子》《初恋》，当然还与《猎人笔记》相比，《罗亭》这部小说在我们看来，毕竟还是屠格涅夫的一部杰作。

沙皇终于认为，由于这么一件轻微的犯上举动而对屠格涅夫所判的流放时间已够长了。当屠格涅夫返回莫斯科时，人们比任何时候都更清楚地观察到，屠格涅夫多么酷似罗亭。屠格涅夫由于他本身所具有的不偏不倚和力求真实的美德而树敌过多。世人是不喜欢不偏不倚的。他们由此需要激情，以至他们宁愿要一个迎合他们强烈的感情，同时又把他们引向灾难的荒唐的领袖，也不愿要一个使他们泄气的正直的现实主义者。屠格涅夫一生基本上是个旁观者，是一名观察家，因此也就是一个弱者。这样的人如果不介入那些带有偏见的圈子里，那么他们是能够生活得相当幸福的，然而，《猎人笔记》的问世却早已使其作者成为一位政治人物，成为一名解放农奴的支持者。年轻的革命者都纷纷满怀热情地倒向他这一边来，然而他却使他们失望，尤其是妇女，她们对他更是抱怨不休。赫尔岑的妻子曾说，面对着屠格涅夫，她感到自己好像置身在一间阒无一人的房间里一般，"墙上透出潮气，渗入您的骨髓，不论您坐在什么地方或触摸到什么东西，都会心惊胆战。您唯一希望的便是尽快跑出室外"。她还谈到屠格涅夫那种被她称为洞察秋毫的目光和他那审视人的习惯。他细致入微地端详一个鼻子、下巴和一条大腿,但从来不去细看站在他面前的整个人。"也许,"她说,"这是因为他对我不感兴趣,不过,我们之间的关系就像肥皂泡那样轻淡。"

另一位名叫薇拉·阿克萨科芙的妇女曾这样记叙:"啊!我不喜欢屠格涅夫,他不明白信仰是什么。他曾毫无道德观念地生活过,他的思想已被他的生活玷污了。他虽然身材魁伟,但他的精神和体格都很柔弱,只是个优柔寡断的人。"

这是确实的,但只说对了一部分。涉及艺术问题时,屠格涅夫却永远不会缺乏精神力量。他唯独在这一点上是坚定不移、不屈不挠的,因为在他眼里,别的任何东西都无足轻重。对他来说,甚至爱情也常常只是他进行文艺观察的一种手段而已。他曾给一位即将为爱情而结婚的年轻作家写信道:"很遗憾,您竟被一种对某个个人专一的感情迷住了心窍。"他解释说,一桩不幸的婚姻倒还能对一位艺术家有些用处,但是,美满的结合所形成的感情上的陈规对艺术家却是致命的。艺术家应该把任何一位女子都看成是个可能成为其情妇的人。艺术家的才能就是靠形形色色的感情来滋养的。对屠格涅夫来说,只有当他写作这一篇章时正受到一种新的激情的火花的勉励,他才能勤勉地工作。可是,到了晚年时,他居然也后悔自己没有结婚。不过,他那时依然认为,与一个女子保持长久的关系,这对一位艺术家来说是危险的。"这个命题,我了解得非常深刻,我曾经深入地研究过它。如果说,我迄今为止尚未在我的作品中论及它的话,这是因为我一贯避免涉及那些使我感到为难的过于主观的题材。"

屠格涅夫有好几次结婚的机会。他具有某种柔和而端正的美,家道富裕,为人风趣。他甚至能博得一个轻佻女子的欢心。但是,正如他笔下的主人公一样,他永远也不希望在爱情上获得成功。对他来说,世上唯有一个人是重要的,虽然他已多年没见过这个人了。这个人就是波利娜·维亚尔杜。波利娜在她的好友流放故乡期间,到圣彼得堡歌剧院来演出过。可惜,她并未表示要去斯帕斯克村游览一番,倒是屠格涅夫魂牵梦萦地想回到她的身边。他甚至胆敢用一张假护照,离开斯帕斯克村,前往莫斯科探望她。他说这就是他的命运,还说一旦沙皇答应他离开斯帕斯克村,他就要去同她相会,除此之外,他别无其他打算。

屠格涅夫在圣彼得堡以"半特赦"状态逗留了一段时期。此时,俄国正同英、法两国交战,大家都只谈论克里米亚和塞瓦斯托波尔战争。屠格涅夫对于这些事情不大关心。战事中,他最关心的是一位年轻军官列夫·托尔斯泰伯爵所发表的一部描写塞瓦斯托波尔战争的短篇小说集。"您读过《塞瓦斯托波尔的故事》吗?我已经读过了,我不禁大喊乌拉!而且,我还为作者的健康干了一杯。"过了几个月后,两位作家互相认识了。托尔斯泰觉得屠格涅夫在卖弄他的民主辞藻,而屠格涅夫则认为托尔斯泰过多地提到他自己的伯爵头衔。伟大的人物常常容易感情冲动。

1856 年俄、英、法等国签订了《巴黎和约》。俄国人又能出国旅行了。屠格涅夫得到一份护照，便又去法国。他到了法国很快就又像从前一样追随在波利娜·维亚尔杜左右，默默无闻地生活着。他又见到这位眼睛凸出、嗓音绝妙、有些驼背的西班牙女子，又见到了维亚尔杜家的几个孩子和他自己的亲生女儿波利娜·屠格涅娃①。波利娜·屠格涅娃现在只讲法语了。屠格涅夫的兄长尼古拉曾去探望过屠格涅夫，事后给妻子写信道："维亚尔杜的孩子们虽然与伊凡毫无相像之处，却待他如同父亲一般。我不愿说人家的闲话，但我相信，从前，在波利娜和他之间一定有过更深的关系，不过，现在他只是和他们生活在一起，成了这个家庭的一位朋友。"

在库尔塔弗内尔的生活是令人愉快的。他们时而大声朗读，时而和孩子们一起演喜剧。波利娜·屠格涅娃扮演伊芙琴尼亚，显得十分妩媚动人。当然，在这幢宅邸里还可以听到世界各国的乐曲，但维亚尔杜夫妇所讨厌的瓦格纳的作品除外（在这一点上，他们后来也改变了看法）。屠格涅夫照料着孩子们，撰写歌剧剧本，在花园里刈草，"快乐得就像一条在清澈见底、被和煦的阳光晒得暖洋洋的溪水里嬉戏的鳟鱼一般"。

但是，这是一种使人心绪纷乱的幸福，因为屠格涅夫爱维亚尔杜夫人，并为生活在"另一个男人的安乐窝边"而感到痛苦。他的那些俄罗斯朋友来法国探望他，发现他的境遇相当可悲。他失望地对其中一位朋友说道："很久以来，在我的心目中，她就是女中豪杰，

---

① 小彼拉盖雅到法国后用了波利娜的名字。——原注

她永远使所有别的女子黯然失色。我自作自受。我唯有在一个女子踩着我的脖子，把我的脑袋按进泥地里时，才感到幸福。"接着，他又叹息道："我的上帝！对一个长相丑陋的女子来说，这是多大的幸福啊！"托尔斯泰在巴黎见到屠格涅夫后这样写道："我绝没想到他竟会这么深挚地在爱着。"阿克萨科芙夫人从前说过屠格涅夫"不会产生激情"，她的这种说法是错误的。其实，一位女子冷落一个男子，说他不会产生激情，这常常只是意味着这个男子对她不会有激情而已。

至于维亚尔杜夫人，这位神秘的女子始终镇静自如。她对维亚尔杜抱有一种母性的感情，对屠格涅夫也同样如此。她对许多人怀有热烈的友爱之情，其中就有一位名叫朱尔·里埃兹的法国乐队队长，她与这个人的友谊尤为深厚。维亚尔杜夫人觉得，能避开维亚尔杜，同时也避开屠格涅夫一段时间是极大的幸福。她给里埃兹写信道："我不得不悄悄地在您耳边对您实说，今年冬天我独自一人出外作几次短期旅行，这对我来说是度过了一段轻松愉快的假期。我的心有时被一种无法分享的爱情困扰得疲惫不堪，因此，这些短期旅行一方面能使我的心灵得到片刻安宁，另一方面，短期分离只能加深我对这位如此高尚、如此忠诚的男子的敬重。"这里谈到的是她的丈夫，但她对屠格涅夫的感情也几乎与此相同。维亚尔杜夫人与屠格涅夫一样，似乎特别具有艺术家的气质。她酷爱音乐，会热切地依恋那些与她一样用音乐交织成自己一生的男人。她在恋爱上遭到失败之后，便对友谊顶礼膜拜。"要是没有神圣的友谊，我早就不在人世了……我能坚定不移、不知疲倦地给予无私的友谊,没有一个人能像我这样做的。"

但是,屠格涅夫对这种与人分而享之的友谊很难感到满足。不管这种友谊如何深笃,他的生活依然带有某种不完整的、平庸的气息。他病了,不辞劳苦地跑遍整个欧洲,到处寻访名医,手不释卷地翻阅医学辞典。他感到自己是个流亡者。这个第二帝国统治下的法兰西使他感到讨厌。他嘲笑法国的作家,奚落"雨果的蹩脚诗才,拉马丁的粗俗,巴尔扎克的假现实主义和乔治·桑的啰唆"。什么也不能使他满意。他虽然年仅四十岁,但却认为自己将不久于人世了。他必须回到斯帕斯克村,必须重返故土,以便创作第二部小说。

屠格涅夫的第二部长篇小说《贵族之家》,大约是他的作品中成绩最为卓著的一部。这部小说的主题十分简单:一位名叫拉夫列茨基的俄国人娶了一个妖媚的风骚女子。婚后,他把她带到十里洋场的巴黎。她到了巴黎却成了一个法国人的情妇:丈夫发现了妻子的不贞,愤然离开了她。在小说开头,拉夫列茨基结识了一位俄罗斯姑娘丽莎。他被丽莎那柔和的青春魅力倾倒。书中有几幕描述爱情初萌的场面,令人联想起《少年维特之烦恼》,例如,拉夫列茨基在一个夏夜里从树林里归来的情景;还有,一天晚上,拉夫列茨基来到丽莎家的花园里,聆听着城内传来的夜半钟声,痴痴地凝望着宅邸里的灯火渐渐熄灭等。小说中写了这样一段文字:"丽莎房里的灯灭了。'晚安,亲爱的姑娘。'拉夫列茨基低声自语道。他依然一动不动地伫立着,目光始终不离那业已黑暗的窗户。"后来,拉夫列茨基见到报上发表的一则错误的消息,以为他的妻子已经身亡异国,于是,他与丽莎订了婚。就在他迈向幸福时,他那位被逐的妻子又出现了,要求恢复自己的地位。丽莎悲痛之余,万念俱灰,进了修道院。如果这些情节不是用朴素无华而又十分细腻的笔触来描述的话就会显得平庸无奇,也许正因为作者运用了某种过于优美的文笔,才使这部作品获得这么大的成功。不过,这本书除了文笔优美外,还很有深度,含有深邃的思想。书中所描绘的生活场景并没使人感到有一种矫揉造作的乐观主义的哲学意味。一切都安排得很含蓄,耐人寻味:好心不得善终,狡诈却获得成功;但是年轻的一代满怀信心,愉快地重新开始生活,落魄者则由于年龄不饶人而逆来顺受。这部小说充满着人情味和理智,不愧被誉为一部佳作。

我们几乎可以说,与《贵族之家》相反,屠格涅夫继而写就的《前夜》倒是一部不太成功的作品,这部小说已被译成法文,题名为《一个保加利亚人》。

好久以来,屠格涅夫都在构思一部题材新颖的小说。小说《前夜》叙述一位理想主义的少女追求一个赞同她的理想并能付诸行动的坚强男子。这位少女及其追求的目标对小说家来说就是年轻的俄罗斯的象征。"小说内涵的意义,"加尔奈说道,"是号召新一代的俄国青年团结起来,一致反对内、外敌人。"事实上,应该指出的是,这部小说发表于1859年,那时正值俄国国内各种思潮在起着急剧的变化。铁腕皇帝,即沙皇尼古拉一世,已经驾崩,他是作为战败者死于疆场上的。克里米亚战争显示了俄国人民的英勇,同时也暴露出长期以来驾驭俄国人民的专横暴虐的官僚阶级的腐朽无能。"往前走,沙皇,"当时有人在一篇匿名文章中写道,"向前走,到历史的法庭上去受审。由于你的傲慢和固执,你把俄罗斯搞垮了。你惹得世界各国都来反对俄国,使它陷入四面楚歌的境遇。在你的兄弟们面前卑躬屈膝吧! 低下你那高傲的脑袋,匍匐在尘埃中。乞求原谅,恳求忠告吧! 投向人民的怀抱中去! 除此之外,别无他途自救。"尼古拉一世在生命最后时刻中对自己的理论和权力产生了怀疑。"我的继承人,"他说,"将按他的心愿去行事,但是,我,我已无法变更。"

皇位继承人亚历山大二世似乎准备采取宽容的政策。战争已经证实,一个民族,其经济形式依然停留在农奴制上,是不可能战胜现代化国家的。但是,国家的兴旺不仅要摆脱那种"自趋灭亡"的旧制度,而且还必须寻找新制度的支持者。屠格涅夫也像他笔下的女主人公叶琳娜和年轻的俄罗斯那样,希望能发现并描绘一个真正强有力的男子。但在当时的俄罗斯,作为"寻觅人物"的作者,他要找这样一个男主人公的模型只是枉费心机。他见到不少大公无私的人物,许多有良好意愿的男子,但是,这些人不是多嘴饶舌,就是灰心丧气,居然没有一个实干家。

最后,屠格涅夫决定把他的男主人公写成一名外国人。几年来,他手头有一份资料。他觉得这份资料有助于他塑造这样一个人物。与他家在斯帕斯克村的地产相毗邻的一座庄园里,住着一位年轻的地主卡拉塔耶夫。克里米亚战争于 1853 年爆发后,卡拉塔耶夫应征入伍。临行前,卡拉塔耶夫最后一次去拜访屠格涅夫,对他说:"我有一件事相求。我在莫斯科时有过一段逸事。我曾试图把这件事叙述给别人听,但我毫无文学天才。我现在唯有这个小本子,我把它交给您。由于我肯定自己不能再从克里米亚生还,就请您拿它写出点东西,使这份材料不至于默默无闻地失落掉。"

卡拉塔耶夫走后,屠格涅夫便翻阅了这个小本子。他在这份资料中读到了下面这段故事:卡拉塔耶夫在莫斯科逗留期间爱上了一位少女。但是,这位姑娘结识了一位保加利亚爱国者,并深深地爱上了他。她随他动身前往保加利亚。后来,这个保加利亚人落叶归根,在国内去世了。这则故事记叙得毫无文采。然而,屠格涅夫却觉得这则故事向他提供了他所苦苦寻求的题材。这一情景与司汤达撰写《吕西安·娄凡》时的情况毫无二致。当时,司汤达就是根据一位年轻妇女的手稿写成这部小说的。屠格涅夫也依据卡拉塔耶夫的小本子上所记叙的内容,撰写了他的长篇小说《前夜》。

但是,要恰如其分地描绘人物,屠格涅夫比任何一位作家更需要一个模特儿。作为一名正直、严谨的艺术家,他只能刻画他十分了解的事物。当一种抽象的概念成为他撰写一部小说的起点时,那么,人们就可以肯定这部书是欠缺的,不完善的。《前夜》中的保加利亚人是一个泥塑木雕似的人物。我们对他有何了解?我们只知道他是个保加利亚人,是个爱国志士,仅此而已。而且,我们感到屠格涅夫对他的情况了解得也不多。对于那位年轻姑娘叫琳娜,这个人物倒是刻画得较成功。她正是屠格涅夫在生活中畏惧而在小说中所迷恋的那种"热情贞洁的少女"。小说的结尾感人肺腑。一位肥胖臃肿、懵懵懂懂的俄罗斯老绅士乌发尔·伊凡诺维奇象征着"昨天的斯拉夫人,无精打采的斯拉夫人"。对这种人,欧洲不了解他的潜在力量,甚至连他本人也不了解自己的潜在力量。虽然这个人物在书中只讲了二十来句话,他却完全是托尔斯泰式的具有力量的人物。他说的话隐晦得很,叫人听了几乎不知所云。这个人物形象的讽刺意味就在于此。人们不禁要问:"这是什么事情的前夜呢?"在小说的最后一章里,乌发尔·伊凡诺维奇当时正在威尼斯,他收到一位年轻的艺术家的来信,信中提出了一个令人不安的有关俄罗斯前途的问题:"您可记得,那一天,我曾问您:'在我们中间会有人吗?'您回答我说:'会有的。'现在,您在那儿,我们之间相隔着一段富有诗意的距离,我从这里再一次问您:'唔,您是怎么想的?乌发尔·伊凡诺维奇,在俄罗斯,会有人吗?'乌发尔·伊凡诺维奇却扭着手指,发着愣,他那谜样的目光凝视着远方。"

当时,所有那些身在异国、凝视着远方的俄国的乌发尔·伊凡诺维奇们都可能把他们谜一般的目光盯在他们国家的事情上。不朽的俄罗斯正在起变化。自由主义已不仅仅是一个政党的学说了,就连贵族阶级本身也都成了自由主义者,这情况与 18 世纪百科全书派在法国得势时的情形相同。亚历山大二世密切关注着改革农奴制的准备工作。

新皇帝一开始执政便赦免了十二月党人,书刊审查也放宽些了,为了研究农民的改革问题,成立了一个专门委员会,在这个委员会里,政府官员与贵族代表一起工作,斯拉夫派和西欧派也言归于好。"西欧主义者欣喜地看到俄国已踏上了欧洲的大道;斯拉夫主义者则在组织米尔——农民的村社①集体所有制组织——的同时,竭力使改革保持一种典型的俄罗斯性质。"

即使在那些真心诚意拥护改革的人看来,改革也是难以实现的。对待那些在宅邸里劳动,被称为"看家狗"的农民,情况再简单不过了,只要让他们自由就可以了。但是,对待拥有土地的人,事情就显得较复杂。不给庄园主赔偿损失,就给予农奴们自由吗?这样会把庄园主搞得倾家荡产的。于是,人们决定,把每个农民现有住房的那块地皮分给他们,再加上一个用围墙圈起来的小院子,作为他们的个人财产。其余东西,农民们必须付给庄园主一笔赔偿费,把它买下来。国家把这笔赔偿金的五分之四款额借贷给农民,农民借了这笔款子后要向国家缴纳百分之六的利息。这个方法想得很有见识,也是够公平合理的,但是人人对它都不满意。

1861 年,沙皇颁布了废除农奴制的宣言,使两千三百万农奴获得自由。屠格涅夫当时正侨居巴黎,有人打电报把这则消息告诉了他。屠格涅夫回电道:"上帝保佑沙皇。"因为别人曾对屠格涅夫说过,沙皇阅读了《猎人笔记》,这才促使他做出这样的决定,屠格涅夫竟对此信以为真。

但是,农民并不像自由主义者那样狂热。当东正教神甫在教堂

---

① 村社是当时俄国一种乡村自治组织,它的基础是土地共有。

里向他们宣读了沙皇的宣言后,他们不禁问道:"这种自由到底算是什么?"他们原先把解放农奴理解为土地全归他们所有。他们还以为甚至连庄园主的宅邸的地皮和花园都要归全村社所有。"农民对此深信不疑,以至在某些村庄里,人们可以看到农民们聚集在一起,投票表决,让村社把在农奴制时期曾奴役过他们的那位前主人的府邸留给他终生享用,以此作为对他所表现出的善意的图报,待他死后,再将这府邸收归公有。"

当农民们了解到他们要以利息形式向国家付款,而且款数往往相当于甚至高于过去交付给农奴主的佃租时,他们不禁勃然大怒。

屠格涅夫后来常常有机会在他的书中描述那些乐善好施的地主当时所遇到的困难。他自己在 1850 年便让家奴获得了自由。在废除农奴制时,他把土地无偿地赠给这些家奴,并且免除了农民们所欠他的五分之一赔偿费。尽管这样,他还是被指责没有按照他自己的原则行事。有人责备他没有在他母亲去世后立刻解放他家的全部农奴。

屠格涅夫运用一种略带哀愁的幽默手法描绘了他当时所过的半破产的老爷生活。农民们在他的牧场上放牛,砍伐他花园里的树木。"每年冬天,都有人来锯他安放在池塘对面的那条心爱的长凳。"屠格涅夫对他的朋友波隆斯基说道:"以后会有这样一天:我们坐在屋后喝茶,只见一群农民穿过园子走近前来。他们摘下帽子,深深地朝我们鞠了一躬。'嗯,兄弟们,你们需要什么呀?'我问道。'主人,请原谅我们,'他们答道,'别恼火。你是一位善良的主人,我们对你非常爱戴,但是,我们不得不绞死你。''怎么,要绞死我?''是的,沙皇的一道敕令这么说的。我们带来了一根绳子。请你祈祷吧! 我们当然会等你一会儿的。'"这段叙述确有一种滑稽的夸张,但这种夸张带有一点真实的感情,几乎所有的自由主义改良派在完成改革之后都具有这种感情。在任何一个国家里,吉伦特派①在任何时候都总是受到谴责的,然而这却不成为不当吉伦特派的一个理由。

解放农奴这一事件是俄国历史上一个至关重要的时刻,而且也是屠格涅夫个人一生中的重要时刻,因为它标志着一种学说宣告破产,即标志着妄想只需稍许施些仁政便可使这神秘而广袤的国家平静下来的那种天真的自由主义的破产。皇家委员会的成员也同法国"八月四日疯狂之夜"②的那些议员那样尽力而为。他们原以为他们的所作所为挽救了一个民族的团结,而今却发现自己大错特错了。在一种制度衰亡的同时,正是老一辈人从来不可能理解的另一种新生事物的开始。年轻人亲眼看到了自由主义的失败,都已对自由主义感到厌烦,从此便倾向于一些在俄国历史上从未有过的新颖的理论。

---

① 吉伦特派是法国资产阶级革命时期代表工商业资产阶级利益的政治集团。
② 8月4日疯狂之夜指法国1789年8月4日晚上的情景。当时法国到处举事反对波旁王室,农民也随之涌进城内造反。国民议会的议员们为了安定局势,在当天晚上仓皇举行会议,投票表决取消一些尚存的封建特权,包括领主对附庸遗产的永久管理权、贵族司法权限、赋税豁免权、狩猎权等。同时还决定取消田租和什一税,废除徭役,废除贵族纳捐买官的做法,实行税收平等。

屠格涅夫很快就感到自己现在已与本国青年之间失去了思想上的联系。他在政治上也与爱情上一样，成了一个怀疑主义者。"再稍许耐心点吧，"他说道，"我们即将进入'老年'这一平静的港口了。在那儿，我们将找到老年人从事的活动和晚年的乐趣。"他此时正值四十四岁，却已自认为此生无所遗憾、无所希望了。他听任自己陷入这令人眩晕的危险的"无限"中去，凡患有这种眩晕的人都会失去感情平衡。"我良心上那些微弱的呼声是无足轻重的，正如我在波涛经久不息的海滩边无谓地喃喃低语'我，我，我'一样地微不足道，这声音早已被大海的浪涛声所淹没。苍蝇还在嗡嗡叫，但过一会儿，就会噤口不叫。三十年或四十年时间毕竟也只是一瞬间工夫。到那时，另一只苍蝇开始用另一种有些不同的鼻音发出其特有的嗡嗡声。事情就这样世世代代往复循环。"

屠格涅夫感到自己过早衰老。他约在 1860 年写了一部非常动人的中篇小说《初恋》①（它即使不是他最伟大的一部作品，也称得上是一部绝妙的佳作）。他在书中刻画了他的父亲屠格涅夫上校、他母亲和他爱过的一位少女。他在十三岁时就爱上了这位姑娘，直到他发现他有一个情敌，而这情敌就是自己的父亲时为止。小说是以对青春的祈求告终的。

"哦！青春！青春，你无忧无虑，你好像拥有世上一切至宝。甚至连忧愁也抚慰着你，连愁闷也与你相得益彰。你胸有城府，目空

---

① 《初恋》于 1860 年发表在《读者文库》上。

一切。你说：'瞧……只有我孑然一人生活着。'然而你的年华也悄然而逝，消失得无影无踪，你的一切也像空中高悬的红日及飘浮的云霞一样终于隐没了。你的一切充满魅力的秘密也许并不在于有可能完成一切事业，而是在于有可能想象你能完成一切事业。

"而我，我以前难道没有过希望吗？当我仅仅以一声叹息、一种凄凉的感觉追忆起我的初恋时，我也曾预见到何等美好的未来。而后来，我的这一切希望又怎样了呢？现在，既然暮年的阴影已开始笼罩我的生命，那么，留在我心中的还有比这种对春季的暴风雨的回忆更真实、更亲切的东西吗？可这春季的暴风雨却来得迅猛，去得神速，早已一去不复返了……"

这是一个灰心丧气的人的哲学思想，它势必使青年人感到十分不快。现在，当屠格涅夫返回俄国时，他同一班后起的新作家之间的关系是令人痛苦的。屠格涅夫是世上最谦虚的人物，他对后起之秀平等相待，把他们当作朋友，很愿意帮助他们。然而，他却遇到冷漠无情的年轻一代，他们不喜欢这位长者的彬彬有礼，女性般的温柔及"缠绵的人道主义态度"。一位患有肺结核的年轻评论家杜勃罗留波夫，在屠格涅夫以前经常发表作品的杂志《现代人》的圈子中业已成为一名颇有影响的人物。屠格涅夫曾竭尽全力要说服这个性情粗鲁的年轻人。但是，有一天，杜勃罗留波夫镇静地对屠格涅夫说："伊凡·谢尔盖耶维奇，我讨厌您那个圈子里的人。"文质彬彬、和蔼可亲的屠格涅夫听了感到痛心而又窘迫不安。他终于只得同《现代人》决裂，因为那些青年在这本杂志上针对他的作品发表了一些最为尖锐的批评文章。①

然而，屠格涅夫虽然为年轻人对他心存敌意而深感痛苦，但他毕竟是位艺术家，因此他依然认真观察他们，努力理解那些对他抱有敌意的人，并从中找到了真正的幸福。他好奇地观望他们，好比在看小说中的人物一般。他发现他们都是些对任何事物都不再相信的可怜虫，他们既怀疑改革也不相信思想意识。他们写道："凡能够被摧毁的，就应该被摧毁，凡能对付真枪实弹的，就是好的。凡砸得碎的都是糟糕的。不管怎样，咱们左右敲打吧，这不会有什么害处。"父辈们在青年时期曾苦苦寻求一种理想，要用双手进行建设；然而，这些年轻人却被这不健全的社会所触怒，他们无论如何要摆脱一切传统势力。他们甚至原则上敌视艺术。像屠格涅夫那样一位自由主义的美学家是他们最看不顺眼的。

然而，屠格涅夫却只是要在他们这些人中间寻找一个可供他描绘的模特儿。他既不愿谴责他们，也不愿褒扬他们。他以往一贯认为，一个艺术家不应该通过艺术去证实任何事情，而且他现在还这样认为。但是，他要描绘两代人的情况，要分析他们的共同之处，即爱情与死亡，以及他们彼此间的不同之处，即满腹怨愤的儿辈所具有的纯真的凶狠，父辈的胆怯以及他们为了竭力理解儿辈而做出的感人努力。

"父"与"子"之间这种永久的冲突在 1860 年的俄国更为明显，

---

① 主要是杜勃罗留波夫关于《前夜》的《真正的白天何时到来》一文。

因为此时两代人之间的隔阂更加深了。社会过渡时期是有利于小说家的创作的。巴尔扎克曾在旧制度与帝国时期、帝国时期与复辟时期及查理十世王朝与路易·菲力浦①王朝之间的相互抗争中得益匪浅，汲取了大量的小说题材。而屠格涅夫则希望表现最年轻的一代，即科学唯物主义这一代与拉马丁式的自由主义甚至与笃信宗教一代的残渣余孽之间的抗争。

　　如果屠格涅夫身边没有一个模特儿的话，那么，这类思想意识的题材确是不易写就的。他后来亲自叙述过他是如何找到原型人物的："那是在 1860 年 8 月，我在怀特岛②的文特诺尔洗海水浴时初步有了要写《父与子》的想法……我常常读到一些评论文章，说我是根据一种先入之见来构思这部书的……就我这方面来说，我应该承认，假如没有一个活生生的人（并不是一种先入之见）启发我的灵感，而在这个人身上各种因素又都和谐地融为一体的话，那么，我永远也不会试图去塑造这么一个典型。我写作时总是需要有一个坚固的基础，可以使我切切实实地依赖于它。《父与子》的情况就是如此。书中的主人公巴扎罗夫就是以外省一位年轻医生的个性为基础而写就的。在这个引人注目的男子身上体现出一种当时刚刚产生但还在酝酿之中的因素，这种因素后来才被人称为'虚无主义'。这个人物给人的印象是十分强烈的。起初，我自己还不能对此下一个明确的定义。但是，我竭尽全力利用我的眼睛和耳朵来

① 路易·菲力浦（1773—1850），法国国王。
② 怀特岛是位于英吉利海峡的一座英国岛屿。

屠格涅夫传

观察、倾听。我观察我周围的人,尽量单纯地依赖于我的感觉。"屠格涅夫由这个人物联想起圣彼得堡的那些年轻作家,把他们结合在一起,并且透过这个人隐约见到一个崭新的典型人物。为了更好地了解这个人物,屠格涅夫花了两个月的时间为巴扎罗夫记日记。

《父与子》的故事情节与屠格涅夫其他小说一样,十分简单,讲的是,两个年轻人相继到各人的双亲家中去度假。两代人之间互相对立,互不理解,虽然各自内心都对对方怀有挚爱和尊敬,却又隔着一道不可逾越的墙。主人公巴扎罗夫爱上了一位年轻妇女奥津左娃,他对待自己所爱的那个女子态度生硬冷漠,就像他对待自己的双亲一样。他因为在一次解剖时割伤手,伤口受病菌传染致死。他的死与他的生都是无关紧要的。而不理解他却又深爱着他的双亲则为他恸哭不已。

屠格涅夫为了给这年轻的一代下个定义,便发明了"虚无主义者"这个词。

"那么,这位巴扎罗夫先生究竟是怎样一个人呢?"巴威尔·彼得罗维奇问巴扎罗夫的朋友道。

"大伯,您要我告诉您他究竟是怎样的一个人吗?"阿尔卡狄微笑道。

"好侄儿,请讲吧。"

"他是个虚无主义者。"

"什么?"他父亲问道。

"他是个虚无主义者。"阿尔卡狄重复道。

"一个虚无主义者,"父亲说,"依我看,这个字来自拉丁文'无'。那么,这个字眼是说一个……一个什么都不承认的人吧?"

"不如说是一个什么都不尊敬的人。"巴威尔插嘴说,他又在面包上涂黄油了。

"是一个用批评的眼光去看一切的人。"阿尔卡狄说。

"这还不是一样的意思吗?"大伯反问道。

"不,完全不是一样的意思。虚无主义者是一个不服从任何权威的人。他不跟着旁人的信仰去接受任何原则,不管这个原则被人认为是如何的神圣不可侵犯。"

"那么,你觉得这很好吗?"大伯接着问道。

"大伯,那得看情况了。有些人认为它是好的,可是另一些却认为它很不好。"

"真的吗?得了!我看我们的看法永远不一致。像我这样的旧派人,我们认为,要是一个人按你的说法,不跟着旁人的信仰去接受一种'原则'(巴威尔按照法文读音轻轻地念这个字,把重音放在后面,而阿尔卡狄则相反,把重音放在前面),那么他是寸步难行的。你们把一切都改变了。愿上帝保佑你们健康,赐给你们将军的官衔吧;我们将来只好来欣赏你们这些先生……你怎么说的,这叫作什么啊?"

"虚无主义者。"阿尔卡狄按每个音节声音清楚地答道。

"不错,我们那时是黑格尔主义者,现在是虚无主义者。我们以后再来看你们是怎样在真空中、在虚无中生存的。弟弟,现在请你按一下铃,我要喝我的可可了。"①

虚无主义者这个词可能沿用了很长时间。长期以来,革命的青年一代在俄国被看作是虚无主义者。难道他们仅仅是惯于否定的人吗?并不尽然。他们首先认为自己是些讲科学的人。他们属于要把科学方法运用到政治中去的第一代人。巴扎罗夫与其要成为虚无主义者,还不如说要成为一个现实主义者。儿辈对父辈夸夸其谈什么改良主义早已深感厌倦,他们说:"我们不久就明白,对我们的烂疮空发议论是毫无用处的。它只会把人引到浅薄和保守主义上面去。我们看到,我们那些所谓进步人士和'控诉派'是一点儿也不中用的。我们整天忙着干一些无聊事情,白费时间去讨论为艺术而艺术啦,谁也意识不到的创造力啦,议会制度啦,辩护律师制度的必要性啦,以及说些其他许多诸如此类的废话。而事实上,我们应该考虑的却是我们每天要吃的面包;我们让愚蠢的迷信憋得透不过气来;我们的股份公司到处倒闭,这仅仅是因为没有诚实的人去经营。而政府如此关心的农奴解放却也不见得会产生什么好的结果,因为农民情愿搜刮自己的钱去酒店喝那些有毒的饮料。"

"是的,"巴威尔插嘴道,"是的,你们发现了这一切,于是你们

---

① 本书中作者引用屠格涅夫作品中的引文均与原著略有出入,请读者注意。

就决定不去切实地做任何事情了。"

"是的,我们决定不做任何事情。"巴扎罗夫语调生硬地说。他因为自己无缘无故地对这位绅士说了那么多话而跟自己生起气来了。

"可是只限于谩骂?"

"必要时,我们就谩骂。"

"这就叫作虚无主义?"

"这就叫作虚无主义。"巴扎罗夫重复一遍,但这次语气特别不客气。

至于父辈,他们则轻声地抱怨道:"我们已经不中用了,只好偃旗息鼓了,我们已经唱完了我们的歌,我们的日子已经过去了。"父辈原希望能巧妙地、友好地接近他们的儿辈,可是儿辈却认为他们思想落后。就这样,两者之间再也不能互相理解。然而,父辈认为他们自己也代表着一种文明;他们喜爱诗歌、艺术,他们甚至还做出努力去理解所谓"进步"的文学。但是,那新生的一代却丝毫不想懂得文学。他们要把造成"老爷"领主的那类东西全部清除掉。他们不愿意仅限于去帮助人民,而是要成为人民的一分子:"你们,绅士先生们,你们的行为是没什么了不起的。当你们不再殴打你们的仆人时,你们就以为自己是了不起的伟人了,自以为已达到人类完善的顶峰。而我们,我们一心只想互相殴打和殴打别人。"在俄罗斯生活中还没出现过的恐怖分子的气息已经在巴扎罗夫身上显示出来了。

《父与子》这本小说在俄国引起巨大反响，但这种反响与屠格涅夫的愿望迥然不同。屠格涅夫热爱巴扎罗夫；当他以巴扎罗夫之死结束这部小说时，他不得不扭过头去，生怕热泪夺眶而出，沾湿手稿。他说："除了他对艺术的看法外，巴扎罗夫所有其他的信念我都同意。"

可是，事与愿违。反改良主义派倒带着一种揶揄的愉快心情欢迎屠格涅夫这部小说的问世。在最保守的阶层中，有人早就对废除农奴制表示遗憾。他们抓住巴扎罗夫这一典型来说明有必要推行绝对专制主义。他们幸灾乐祸地说："瞧！你们的革新所产生出来的这个家伙。"屠格涅夫看到自己因为揭示了年轻的俄罗斯而被人捧场，这是他所没有预料到的。沙皇警署因为他"写了一部小说，对革命者冠以虚无主义者这样一个刻薄的雅号"而打了一份赞扬他的报告，幸亏屠格涅夫没见到这份报告。对屠格涅夫本人来说，他认为，如果他没有让读者明了他十分赞赏巴扎罗夫，那么，这部小说便是个失败的作品。

然而，青年人认为，这部小说运用漫画的手法丑化了他们，因而对作者深怀敌意。屠格涅夫大为感慨地说："我所爱的以及有好感的人，现在都向我表示出近于气愤的冷漠，而我却从对立阵营里的人那儿，从我的敌人那儿得到了祝贺和几乎是亲近的表示。这一切使我十分惊讶，并伤害了我，但我丝毫没有受到良心上的责备。我非常清楚地知道，我问心无愧地塑造了我所要描绘的典型。我毫无偏见而且满怀同情地刻画了这个人物。"在海德堡求学的那些俄国大学生曾为这部小说向屠格涅夫提出了种种责难,表示抗议。屠格涅夫给他们写了一封长信,信中对他们的责难一一做了回答,特别是认为他过于赞扬代表旧贵族的"父辈"的那种非难,给予义正词严的回答:"有人谈到我在为父辈恢复名誉,这种说法只证实了一件事,那就是他们并不理解我。请好好看看这些人物的形象吧。他们显得懦弱,漫不经心和贵族式的狭隘。我从我的美学观点出发,选择了领导阶级中的一些优秀代表,以便更好地证实我的论点。如果说,作为精华的奶油也很糟糕,那么牛奶会是什么样呢?"他在信后又写道:"在这点上,我不再加以评注。如果读者由于巴扎罗夫生性粗鲁、生硬严厉、冷酷无情而不喜欢他,我说,如果读者不喜欢巴扎罗夫,那就应归咎于我,说明我没有达到我预期的目的。我可不愿意像条哈巴狗似的恭维人。虽然这样做我无疑能立刻赢得青年人的心,但我不愿通过这样的让步来收买民心。我宁可出师失利(我相信我已失利),也不想用诡计来获胜。我曾幻想塑造一个高大、粗犷而阴郁的形象,一个仅仅处于半开化状态的形象,他身体强壮,凶狠而正直,然而是注定要死亡的,因为他总是在瞻望未来。与我同时代的青年人摇着头对我说:'你真该死,老家伙,你侮辱了我们……'我只得像茨冈人的歌中所唱的那样,唯有脱下帽子,深深作揖……"

没有一部文学作品能像这封信那样,把一位作家因当代的评论而激动不已的弱点以及对任何论战所抱的虚荣心表现得如此淋漓尽致。屠格涅夫以前曾因为撰写了一部像《贵族之家》那样动人和文笔流畅的小说而被誉为俄罗斯第一流作家，可是现在却因为写了一部杰作而在俄国青年一代的舆论界中失去了这个地位。人们议论纷纷，一会儿这么说，一会儿那么说，"但是，白天的炎热过去了，傍晚已经来到。然后就是夜晚，这夜晚把一切遭受苦难、疲乏不堪的人带进了一座安静的避风港……"。

屠格涅夫不仅与年轻一代的关系变得很别扭，而且他与托尔斯泰也完全闹翻了。很久以前他们相识后，托尔斯泰的日记里就充满了对屠格涅夫的种种看法，这些看法是自相矛盾的："屠格涅夫是生气勃勃的……屠格涅夫令人讨厌……屠格涅夫是个孩子……屠格涅夫为人聪明……屠格涅夫不相信智慧……屠格涅夫什么也不信……"最后，他写道："屠格涅夫并不在恋爱，他只是喜欢恋爱。"这种说法既深刻又正确，但屠格涅夫也许可以说："托尔斯泰从来没有爱过我，他只是曾经想要爱我。"以前，当他们两人都在巴黎时，屠格涅夫曾给安年科夫写信道："尽管我竭尽全力，我依然不能接近托尔斯泰。他与我太不相同了。我喜欢的东西，他一点儿也不喜欢，反之，他喜欢的东西，我也一点儿不喜欢。凡是他在场时，我就感到局促不安，他当着我的面大概也是这样。他会成为一个非常杰出的人物，到那时，我将第一个向他鼓掌表示欢迎，第一个赞赏他，但是，总得同他保持一段距离的。"的确，他们两人互不相容，这种情况已到了无可救药的地步。

他们两人最终决裂的情况①是由托尔斯泰伯爵夫人向我们叙述的。

"一天,在奥尔洛夫省,姆津斯克县的斯杰潘诺夫卡那儿,伊·谢·屠格涅夫和列·尼·托尔斯泰在费特②家中相遇。谈话时,话题转到行善上来。屠格涅夫讲起他那住在国外受教育的女儿帮助不幸的人,做了许多好事。列夫·尼古拉耶维奇表示他不喜欢这类善行。他认为不应该按英国人的方式选择一些穷苦人,把自己收入中有限的一小部分留给他们。真正的善行是出自内心的,要按本能来做好事。

"'您是否要以此来说明我教坏了女儿?'屠格涅夫问道。列夫·尼古拉耶维奇解释说,他丝毫无意影射任何人,他只不过是在表达自己的意见而已。屠格涅夫听了不禁勃然大怒,叫喊起来:'如果您再用这种腔调说下去,我就掴您耳光……'

"列夫·尼古拉耶维奇当即站起身来,跑到位于我们家和费特家之间的车站,从那儿派人找来手枪和子弹,并命人交一封信给伊·谢·屠格涅夫,要求屠格涅夫对他刚才所受的侮辱予以赔礼道歉。列夫·尼古拉耶维奇在给屠格涅夫的信中写道,他不打算装出决斗的样子,也就是说,他不愿意搞那种在第三者陪同下的两个文

---

① 这事发生在1861年春天。
② 费特(1820—1892),俄国诗人,托尔斯泰的友人,斯杰潘诺夫卡是费特的田庄所在地。

人之间的会面,然后喝着香槟酒结束决斗;他希望正式交手,并请屠格涅夫带着手枪到包古斯拉沃去,他在那儿的森林旁等候着他。

"列夫·尼古拉耶维奇在等待中过了一夜。凌晨,他收到了屠格涅夫的回信。屠格涅夫在信中解释说,他不准备按列·尼·托尔斯泰所要求的那样来交手。但是,他要求按所有正式规则进行决斗。列夫·尼古拉耶维奇对此反驳道:'您害怕我了。而我,我蔑视您,拒绝再与您打任何交道。'从此,他们两人有十七年没见面。"

屠格涅夫和他的老朋友赫尔岑也很难保持接触。赫尔岑正在伦敦避难,并在那儿主办在世界革命者中十分闻名的《钟声》报。屠格涅夫每年去伦敦探望他。赫尔岑已变得非常斯拉夫化。他认为,在西欧,一种繁荣的小店主式的粗俗文明侵蚀了民众的灵魂,唯有俄国尚未开化而健康的一代才能拯救人类。他说屠格涅夫之所以依恋西欧,完全是出于老年人的懦弱之故。但屠格涅夫矢口否认,说即使他现在二十岁,他还是喜欢西欧的制度:"我是个欧洲人,我喜欢这面我自青年时代起便擎起的旗帜。"

屠格涅夫遭到朋友们的冷遇后,就越发把自己的命运与维亚尔杜夫妇的命运密切地联系在一起。现在,他对波利娜的眷恋既带有爱情的成分,又比爱情更为扎实。"我可以向您保证,"他给波利娜写信道,"我对您的感情是别人从来没有感受过的,是以前从未有过、今后也再不会有的。"波利娜自 1864 年以来便离开了剧场。而路易·维亚尔杜是共和党人,在帝国统治下的巴黎处境相当不幸,所以便和家人一起定居在巴登。屠格涅夫随他们同住,并在他们家隔壁建造了一幢房子。

对于像屠格涅夫那样一个侨居国外的人来说,巴登确是一个旅居胜地。各国的稀奇古怪人物都在这著名的沙龙里露面,尤其是有许多俄国人也到这儿来,这样,屠格涅夫便可随意观察他们。"郁郁葱葱的树木,白色的房屋和环抱着全城的群山,这一切都洋溢着节日的气氛。"在维亚尔杜夫妇家中,生活相当愉快。他们演唱屠格涅夫撰写的轻歌剧。普鲁士国王和王后、巴登的大公和夫人都来观看《最后一个巫师克拉卡米什》的演出。屠格涅夫亲自扮演了克拉卡米什。他在这充满着高雅情趣和欢悦的环境里有一个活动场所,并获得了家庭的温暖。

巴登的生活给屠格涅夫提供了继《父与子》之后另一部小说的素材。这部小说题名为《烟》,是他的名著之一。就题材来看,这部书与《贵族之家》非常相近。小说叙述一位名叫里特维诺夫的年轻人陪同未婚妻达吉亚娜及其姑母到巴登。他在那儿与一位美丽而古怪的女人伊莱娜邂逅。过去,里特维诺夫在大学求学时曾爱过伊莱娜,但是,在他快要与伊莱娜结婚时,伊莱娜却突然抛弃了他,另攀了高枝。而今,伊莱娜和丈夫一起耽搁在巴登。她丈夫是位将军,是个英俊、潇洒、自命不凡的男子。伊莱娜在她所蔑视的社交界中很有声望。她与里特维诺夫的不期而遇勾起了她心中的万千懊丧和想重新得到他的欲望。于是,她给他送鲜花,表示情意。里特维诺夫很快就又被她征服了。他明知温柔的达吉亚娜要比疯狂的伊莱娜好得多,但是,他仍然硬着心肠,冷酷无情地背弃了未婚妻,并向伊莱娜提议,要偕同她一起私奔。然而,到了最后时刻,又一次毁了里特维诺夫生活的那个女人却丧失了勇气,留在她丈夫的身边了。在小说的尾声中,我们可以猜测到,几年后,里特维诺夫还是娶了达吉亚娜。至于伊莱娜,她青春消逝,年老色衰,成了一个不幸的有钱女人。年轻人都恐惧地避开她,他们害怕她那种荒诞古怪的性格。

人们不能忘记这部小说中的某几个场面,伊莱娜和里特维诺夫在楼梯相遇,里特维诺夫从她面前走过,却并没认出戴了面纱的她;里特维诺夫在自己房里发现由一个陌生女人送来的一束金盏花;伊莱娜在车站最后一次出现,她眼神黯然地注视着里特维诺夫,一顶旅行帽遮不住她那蓬松凌乱的头发;还有里特维诺夫最终动身远去,点出了小说的命题《烟》。

风朝着火车迎面吹来;团团的蒸汽,时而像白雾茫茫,时而如黑烟滚滚,在车窗前翻滚而过。里特维诺夫开始望着这些蒸汽。它们无休无止地涌来,时而上升,时而降落,缠在草叶上,挂在小树上,延伸出去,消失在湿润的空气中。一团团的烟雾纷至沓来,在一种单调而乏味的游戏中总是这样往复不停地变幻着。有时风势转向,山路回转,这一大团白色的烟雾倏然消失,立即又在对面的车窗上出现,一条拖得长长的烟尾遮住了里特维诺夫的视线,使他看不见莱茵河的河谷。

里特维诺夫凝望着,静静地凝望着,突然涌起一阵古怪的念头。他孑然一身坐在车厢里，没有任何人来打扰他。"烟！烟！"他重复了好几遍，忽然觉得他的生活、俄罗斯的生活、人类的一切，尤其是俄罗斯的一切都只是烟。他想着，一切都只是烟和蒸汽，一切都似乎在不断地变化，一幅图景代替另一幅图景，各种现象接踵而来，层出不穷，然而事实上，一切依然如故，保持原样，一切都在急速驶过，一切都急于朝某个谁也不知晓的地方飞奔而去，可是，一切都不留一丝痕迹地消失掉，什么目的也没有达到。风向一转，一切都向反方向奔去，然后又不停地在那儿重新开始这同样狂热而毫无结果的游戏。里特维诺夫回想起近几年来在他眼前所发生的事情，这些事情闹得沸沸扬扬，不无轰动……"烟，"他喃喃低语，"烟。"

但是，《烟》不仅是一部小说，而且是一部尖锐的不留情面的讽刺作品。它讽刺了上流社会。讽刺了伊莱娜的那些将军朋友，也就是屠格涅夫的那些老朋友。屠格涅夫听凭那班神秘的、拯救人类的俄罗斯青年们咒骂，但他现在对此深感厌烦，向他们进行了反击。《烟》中的主要人物周围都有在巴登的那些俄罗斯人的影子，有他们的高谈阔论，故作姿态地摆出一副重要人物的样子，还有他们在雪茄的烟雾包围下所发出的一片喧嚣声。有些评论家认为，作品中这些描写都是陈旧的手法。然而，我在重读《烟》时，却感到这些描写特别实际，特别生动。这本书不像《父与子》那样以死亡和忍气吞声来收场，而是以希望来结尾，这是屠格涅夫作品中从未有过的一曲新声。这种希望已不再是乌发尔·伊凡诺维奇那种用谜样的目光注视着远方所表达出来的模糊希望,而是一种确有所指的希望。在小说结尾处,里特维诺夫放弃了追逐伊莱娜的念头,回家耕种土地,管理农庄里的几个农工。他经历了很多波折。新的机构尚未发挥作用,而原有的机构却已失去威力。"在古老的俄罗斯这一大片泡沫四起、浮动不已的沼泽地上,只冒出一个从沙皇口中吐出的伟大字眼'自由',就像往日上帝的气息轻轻掠过水面一般,激不起任何浪花。凡事第一需要忍耐,不是消极的忍耐,而是积极的、坚持不懈的忍耐,甚至在狡诈面前也毫不退缩。"至于达吉亚娜,她对村庄里的农民忠心耿耿,为他们办了一个诊所和一家药房,同时还从事看来微不足道但非常有用的工作。就这样,生气勃勃的生活气息驱散了感情上的团团烟雾。现实世界显得轮廓清晰,冷酷无情,但又是那么美好,宛若乡村里的凌晨,在旭日东升后,夜雾袅袅升腾而起,然后又慢慢地消失退尽。

在屠格涅夫与当时一位俄国年轻评论家皮萨列夫①之间,有过一段令人注意的信件来往。他们在信中互相交换对《烟》的看法。"这段通信来往,"卡沙诺维奇先生说道,"以一种独特的方式表现出两个通信人的性格及他们所代表的那一代的思想:年事已高的屠格涅夫是个西欧派,同时又是一位政治历史学家和洞察秋毫的自由主义者。他出于本能,反对新的一代。他懂得俄国青年一代力量的大小,

---

① 皮萨列夫(1840—1868),俄国文艺评论家。在《父与子》受到革命民主派刊物《现代人》的谴责时,他给巴扎罗夫形象以肯定的评价。

感到自己在某种程度上要依靠他们,因此竭力要更仔细地了解他们;皮萨列夫是新生力量的代表人物,他正直、坦率,虽然十分聪明,但毫不狡诈,待人彬彬有礼,却又不矫揉造作,为人直爽但不放肆。"

屠格涅夫是在 1867 年 3 月结识皮萨列夫的,他当时从巴登返回莫斯科请人出版《烟》。屠格涅夫希望会见这位"虚无主义者"。他在认识皮萨列夫之前便称他为"响尾蛇",皮萨列夫到达时,屠格涅夫看到面前站着一位彬彬有礼、出身高贵、才华毕露的谦虚的年轻人,内心不禁十分惊讶。后来,他们又见了一次面。这位青年给屠格涅夫留下非常好的印象,以至他动笔给皮萨列夫写信,询问他对《烟》的想法。

屠格涅夫给皮萨列夫的信里说:

前几天,我给自己提出一个问题,不知您和您那小圈子里的人对《烟》这部小说有何感想。你们对我所描写的在谷柏廖夫家的那些场面感到气愤吗?《烟》这部书似乎激起大部分读者对我的憎恨与蔑视。但我可以坦率地说:"我所要描写的东西,我已描写了。"因此,我问心无愧。即使你们不赞同我,我也不会局促不安。但是,我非常看重你们的意见,因为,我清楚地知道,一个天才就好比是一棵果树,只认识自己所结的果实。我对我的天才即我的果树不存任何幻想,我所看见的,无非只是一棵非常普通、刚嫁接好的俄罗斯苹果树。然而,你们的意见将使我深感兴趣……

皮萨列夫给屠格涅夫的信说：

　　您问起我和我那个小圈子里的人对《烟》有何看法。我并没有什么圈子，这一点也许会使您感到惊讶……我完全是孤身一人，因此只能对您谈谈我个人的意见……对谷柏廖夫家那些场面的描写并不使我感到苦恼，它根本没激怒我……这些场面是属于小说的一个插曲，它与小说联系得不太紧密。作者既已用尽全身力气使劲向右一击，那么，描写这些场面充其量也就是使他不至于完全失去平衡，不至于突然投入他所不介入的那个红色民主人士的阵营中去。赖特米罗夫夫妇本身也明白，这一下是打在右边而不是打在左边，即打在赖特米罗夫身上，而不是打在谷柏廖夫身上。所有这一切使我对《烟》并不满意。我觉得这部书就好像是《父与子》的一个古怪而不详的注释。我向自己提出一个和耶稣所提的"该隐，你的兄弟亚伯在哪里"相似的问题。我想问您："伊凡·谢尔盖耶维奇，巴扎罗夫在哪里？"您用里特维诺夫的眼光来注视俄罗斯生活中的各种事件，您把他造就成您小说中的主人公。但是，里特维诺夫就是巴扎罗夫曾要求不要说漂亮话的那个阿尔卡狄。您为了按既定方向写作，把自己也置身于这个卑贱而人头攒动的"蚁穴"里，然而，您却有一个真正形象高大的人物，您自己已经发现了这个人物，并描绘过他。可是，这个形象高大的人物而今在哪里呢？……您以为这第一个，也是最后一个巴扎罗夫真的于1859年死于一次手指割伤所引起的感染吗？或者他已借着宾达索夫①的身体起死回生了吗？如果说，他确实活着，并依然故我，那也是不容怀疑的，但是，您怎么会没注意到这一点呢？您在您的"蚁穴"里没瞅见形象高大的人物吗？这是不大可能的。但是，如果您注意到他，并且在表达您个人意见的时候有意识地撇开了他，那么，您已经使您的判断丧失了意义。同时我也不向您隐瞒，《烟》结尾处急转直落，显得极其虚假，而且意境有些出人意料的甜蜜感。这些使我很不以为然。您一定理解我想要说的一切。这些都是鸡毛蒜皮的小事，但是，我无法理解，您怎么会写下这么古怪的句子。请原谅我给您写了这些也许显得无礼的话，我是不愿对人无礼的……

屠格涅夫给皮萨列夫回信说：

您几乎与所有的俄罗斯读者一样，也不喜欢《烟》。面对这样一致的看法，我不能不对我这个产儿的质量产生怀疑。但是，我觉得您的论断不尽正确。您问我："该隐，您的兄弟亚伯在哪儿？"但您没想到这一层，那就是，如果巴扎罗夫还活着（对这一点，我丝毫不怀疑），那也不能让他再在一部文学作品

---

① 宾达索夫是《烟》中的人物之一。

中出现,他应该自我亮相,那他才称得上是巴扎罗夫;只要他不自我亮相,那么谈论他或用他的语言来说话就都是虚假的。①说他是高大的人物形象,也就显然不恰当。至于我所选择的渺小的人也并不是像您想象的那么低下。人们还可以从欧洲文明的高度瞭望整个俄罗斯。您觉得包特金(您想要指的多半是他,而不是里特维诺夫)就是阿尔卡狄,但我不能不说,这次您的批评直觉欺骗了您。这两个人物之间毫无共同之处。阿尔卡狄毫无信仰,包特金却是作为一个根深蒂固、顽固到底的西欧派而死去的。要是人们感觉不到在他身上暗中燃烧着这么一股难以熄灭的火焰,那么我的一切心血都是白费了。也许,唯有我一人喜欢他,但我为他的出现而感到欣喜。现在,斯拉夫的狂热正在我们国内猖獗一时,在这种情况下,有人指责包特金,我倒颇感高兴。我对我自己恰恰能在这个时刻树起我的"文明"这一面旗帜而感到欣慰;而且我乐于看到别人在他身上撒满了污泥。假如我不引导任何人,我会问心有愧的。里特维诺夫也不是阿尔卡狄。他是个正直的人,这就是我特意要补充的一点。对我来说,倘若要在小说中加上这样一句话,那也是很容易的:"不过,我们现在拥有一些精明能干的工作者,他们默默无闻地操劳着。"但是,出于对这些工作者和这种默默无闻的操劳的尊敬,我宁可不说这句话。我觉得,青年人不需要

---

① 在俄文原信中是"是不合常情的,甚至是伪造的"。

别人在他们的嘴上涂上蜂蜜……

我执意要把这些信件全部公布于世（我相信，这些信件从未被译成法语发表过），因为我觉得这些信件写得很动人，同时，也因为我觉得这些信件大概是两代作家之间关系的一个范例。

第三章　晚年

在小说《烟》中,屠格涅夫曾把俄罗斯思想和俄国为进行一次目标不明确的改革所做的杂乱无章的努力比作田野上的雾气,这雾气在田野上弥漫一时,过不多久便散开,消失得无影无踪。这就是他对它们具有理性的判断。但是,屠格涅夫是俄国人,他本人也经常感到需要被这种缭绕的烟雾所包围。

尽管他自以为已成了个地地道道的欧洲人,然而,他在任何一个欧洲国家都感到很不自在。1870 年,他初次住进他在巴登的那幢别墅,此时,普法战争也几乎马上爆发了。以前,德国在他的脑中一直保持着一种感伤的、田园诗似的形象。他的著作中的德国老人都像巴尔扎克笔下的许模克①一样,是些笨拙但又令人感动的人物。战事初起时,他替德国人担惊受怕,仿佛已经看到拿破仑三世

---

① 许模克是巴尔扎克所写的小说《邦斯舅舅》中的一个心地善良的德国音乐家。

威震四方的军队所向披靡地侵占了歌德和黑格尔的祖国。然而,当他出乎意料地发现一个现实、强大、无情的新德国时,他的同情心就转向与德国对垒的法国了,他反对德国吞并阿尔萨斯。作为一个国际性的"布里丹驴"①,他不知所从,无法明确表态:"在这样的时日里,既不是一个德国人,又不是一个法国人,这倒也真是一件怪事。我成了一个彻头彻尾的旁观者了,处在这种情况下,总是令人不愉快的。"这的确是令人不愉快的,但是,在你生来就是旁观者的情况下,那又有什么办法呢?

战争使维亚尔杜夫妇失去了收入来源;巴黎没人请维亚尔杜夫人去教唱歌,于是,这对夫妇便去伦敦谋生,屠格涅夫当然也跟随前往。这样,他便有生以来第一次长期迁居英国了。他觉得生活很紧张,但也很凄凉。"英国人对什么是艺术连个最肤浅的见解都没有。这是无可争辩的公论。"这是一位小说家对简·奥斯丁、乔治·爱略特②、狄更斯、萨克雷③、梅瑞狄斯的祖国所下的一个令人震惊的断语。不过,在这一点上,身在俄国以外的屠格涅夫说得并不公正。他对那些英国诗人看法过严,觉得罗赛蒂④太矫揉造作。他尤其对英国人的冷漠深有所感。他在剑桥大学出席了一次学生讨论会,会

---

① "布里丹驴"是14世纪一位经院哲学家让·布里丹的雅号,他曾在1327年任巴黎大学校长。他之所以得这个雅号是因为他对争论双方的观点不敢轻易表态,犹豫不决,就好比一头又饥又渴的驴站在草料和水桶中间,无所适从,干脆站着不动,忍饥挨渴。

② 乔治·爱略特(1819—1880),英国现实主义女作家。

③ 威廉·梅克皮斯·萨克雷(1811—1863),英国作家,作品有《名利场》等。

④ 罗赛蒂(1828—1882),英国诗人及画家,拉斐尔前派创始人之一。

上提出了这样一个问题："法国巴黎公社的社员们值得英国人同情吗？"会议厅里满是些年轻人，他们冷静地听取了赞同和反对的论据后，一致否决这一动议。事后，屠格涅夫说："我现在终于理解你们这些英国人为什么不担心会发生一场革命了。"他唯一真正的乐趣是去苏格兰打猎。

　　1871 年 11 月末，维亚尔杜夫妇返回巴黎，屠格涅夫回俄国去做一次短期旅行后，也去巴黎与他们会合。他说："倘若维亚尔杜一家人去澳大利亚，我将随他们同去。"维亚尔杜夫妇与他们的这位朋友在杜埃街四十八号租了两套房，正好是一上一下。屠格涅夫的套房有三间房间。他的书房里有一张沙发，他就在这张沙发上度过一天中的大部分时间。他在书房四周的墙上挂了一幅卢梭①的风景画，一幅柯罗②的风景画，一帧波利娜·维亚尔杜的侧面浮雕和一块代表波利娜那只玉手的大理石。

　　在这一时期里，哪些人是屠格涅夫的朋友呢？他的朋友有福楼拜、龚古尔兄弟③、都德、左拉，具体情况后文再谈。他还会见很多俄国人。对这些俄国人来说，他在巴黎仿佛是位"知识界的使节"。他彬彬有礼、宽厚仁慈，甚至过于宽厚仁慈地接待他们，因为他不能拒绝替他们写个序，也不能直言不讳地说某份手稿写得很糟糕，他的评语有时会酿出稀奇古怪的事来。但是，他需要有这些来访者。

---

① 泰奥多尔·卢梭(1812—1867)，法国风景画家，巴比松画派的创始人之一。

② 柯罗(1796—1875)，法国著名的风景画家。

③ 朱尔·龚古尔死于 1870 年，因此这时只有爱德蒙·龚古尔。此处作者有误。

他们可以给他带来一些俄国气息，这正是他所需要的精神氧气。

　　当一些俄国青年在屠格涅夫寓所里不知疲倦地谈话时，大家听得见楼下维亚尔杜夫人的琴声。她的歌喉依然是那样委婉动听。星期天，她放声高唱《魔王》①，圣-桑②弹钢琴为她伴奏。此时，她已五十五岁，但依然使她的朋友们入迷。1874 年，屠格涅夫和维亚尔杜一起在布吉瓦尔合买了一幢乡村住宅，宅名叫"棒木别墅"。从此以后，他便年年与维亚尔杜夫妇及他们的孩子们一起在这幢乡村别墅里避暑。

　　这真可谓是忠诚的友谊，但这种友谊始终是令人肝肠寸断的。屠格涅夫越是感到自己年老力衰，内心也就越是悲哀。他有一种感觉，觉得自己虚度了年华，无论是作为一个男人还是作为一个作家，他都觉得自己虚度了一生；他觉得万事已休，再也不能推倒重来："我重又俯身案头，然而比黑夜更甚的一片漆黑蒙住了我的头脑……毫无目标、毫无光彩的空虚时日瞬息即逝……我既无权利也无愿望再苟活下去，已到了再也无所可做、无所可盼、无所可求的地步。"

　　在构成这种忧郁的成分中，包含着飘零异国的游子那种不治的思乡之情。"只要遇见屠格涅夫，并听听他的闲谈，"保尔·布尔热说，"哪怕只是一次促膝夜谈，便能看出这位身材高大、白髯垂胸、鼻

---

　　①　《魔王》系奥地利作曲家舒伯特根据德国伟大诗人歌德的叙事诗《魔王》而撰写的歌曲。
　　②　圣-桑(1835—1921)，法国作曲家，"民族音乐协会"创办人之一。

子过大、目光坦率的老人身上依然十分完整地保持着俄国人的气质;而且也觉察出,在这个人身上仿佛嫁接着另一个四海为家的人物。他的种种回忆会从欧洲的一端神游到另一端,时而忆及英国怀特岛的风光,时而忆及德国一座大学城中的一条小巷,然后又是意大利的天涯。这一切都用一种出色的法国传统语言表达出来,唯独这一点才泄露出他在我国长期居住过,和我国关系密切。"

事实上,屠格涅夫身上虽然保持着一个完整无损、内在的俄国人形象,而一个四海为家的游子形象却溢于言表。不过,一个人的内心深处不大可能隐藏着一个甘愿浪迹天涯的灵魂,使我们每个人的思想成为丰富而且秘而不宣的素材的,便是我们在不知不觉中对童年时代和启蒙读物的回忆,甚至也可能是对祖先的缅怀之情。这些回忆是一个丰富充实的宝库,它时时在我们的梦境中再现,对一位作家来说,它便是滋生有生命力著作的唯一土壤。倘若通过移居异国能改变人的灵魂,成为另一个国家的精神公民,屠格涅夫也就不至于如此痛苦了。但是,这是做不到的。一位作家,即使他对一个异国了如指掌,要较为逼真地写出一部反映异国风情的小说,也几乎是寥无先例的。一个英国人可以描绘一个生活在法国人中间的英国主人公,因为这个主人公的反应都是英国人本身的反应,而作为小说中的次要人物的外国人,都是被一个与作者有同等文化修养的人用慧眼观察过了的。可是,若要试图塑造一个法国主人公,把他作为一部著作的中心人物、反映世界的镜子和作者在异国的先知,这对作家十分危险,容易成为败笔。狄更斯即使在歪曲英国人时也能描绘得十分逼真,而在《马丁·瞿述伟》中却把美国人丑化得很不高明。

对屠格涅夫来说,发挥他写作才能的真正素材是斯帕斯克村辽阔的平原,俄罗斯农民,年迈的贵族,年轻的革命者和那些性格十分奇特的美貌女子。一天,他对龚古尔兄弟说:"我必须在冬天才能写作,一定要像在俄国那样的冰封大地,使人收敛杂念的彻骨寒冷,树上挂满晶莹的冰柱的情况下方能执笔……"由此可见,他在杜埃街四十八号的住所里该是多么窒息!

一个作家在他生活的周围环境中找不到合适的题材,这种反常的情况与一个缺少食物的饿汉的处境一样。屠格涅夫也想到了我们刚才所建议的那种权宜之计,即塑造一个移居异国的本民族主人公,并描绘他在异国的生活环境。他构思了一部渲染俄国人与法国人之间的差异的小说,其内容大体是:"一位接受了虚无主义思想的俄国姑娘离开祖国,到巴黎定居。她在那儿遇见一位年轻的法国社会党人,并嫁给了他。在一段时期里,这对夫妇的生活一切正常。他们是出于对世俗的常规和礼仪的仇恨而结合在一起的。嗣后,这位少妇遇见一位本国同胞,此人把俄国的社会党人在国内的所作所为告诉了她。于是,她意识到俄国革命者与德国或法国社会党人的目标、想法和感情是毫不相干的。她原以为自己与丈夫在思想感情上非常融洽,可现在却意识到自己与丈夫之间隔着一道深深的鸿沟。"

这是一个很动人的题材,他满可以进行一番精雕细琢的加工,但甚至连这样一个主题他都觉得不称心，俄国味不够浓。屠格涅夫随着年事的增高，身上的西欧主义气息似乎变得越来越淡薄了。

老年人退回到他们童年时代的思想上去，临死前喃喃说些自孩提时期以来从未说过的话，这种现象是很普遍的。心理学家们说"最初得到的东西，最后才被遗忘"。万事皆如此，仿佛在与世界的接触中，童年时期所形成的生动活泼的背景上已被涂了一层薄薄的釉彩。这层釉彩在人到暮年时融化了，于是人便重新看到了它的内核。屠格涅夫原先殷切希望看到俄国转向西方，好向他征求意见并要他作指导，而现在他却对他的朋友们说，法国人和德国人早已把他们的精力消耗殆尽。他对他们的见解感到厌恶。有一天，他在福楼拜家里时说："不错，你们都是些拉丁人，你们身上有罗马人的气息和他们那种对法权的信仰，简而言之，你们都是些守法的人……而我们却不是这样……这怎么说呢？……喏，假设我们那儿有个圆圈，圆圈周围都是一班俄国老头，他们身后杂七杂八围着一些俄国青年……那些俄国老头说声是或不是，他们身后的青年们便点头称是。那么，你们可以设想在这个'是与不是'面前，法律就不起作用而且也不存在了，因为在俄国人那里，法律不像你们那儿一样固定不变……举个例子来说，倘若我们在俄国都是些窃贼，然而，一个人即便偷盗了二十次，而且即便他对此供认不讳，但只要事实证明他受饥饿所迫有这个需要进行偷盗，他便可以获释……不错，你们都是些守法的人，体面的人；而我们，我们纵然是受独裁统治的，但我们都是些……"由于他正在找词儿，一时语塞，爱德蒙·德·龚古尔便提示说"是些有人情味的人"。"对,是这样,"他接口道,"我们,我们都是些不太落俗套,是些有人情味的人。"

任何人种都对本民族的形象感到自豪。屠格涅夫身边的这些拉丁人听说自己都是些守法的人,不禁沾沾自喜。但是,屠格涅夫却是以一种指责这些法国人的口吻讲到俄国人的蔑视俗规。

屠格涅夫写作时(实际上他此时很少写作)总是借助于青年时代的一些回忆。他就是这样撰写《春潮》和《草原上的李尔王》的。他也是这样在《猎人笔记》中增补了一则动人的故事,用以题献给乔治·桑的。这则故事题名为《活尸首》,记述了作者与一个女农民所做的一次简单的谈话。这个女农民年轻时不慎跌伤致残,长期躺在一所棚屋里不能动弹。她孑然一身,孤苦伶仃,靠邻居们的恻隐施舍果腹,靠听到的一些声响和不时到她床边停留片刻的一条野狗来消遣解闷,然而,她却依然虔诚,随遇而安,在某种意义上来说,还颇满足。

然而,屠格涅夫朝思暮想的这个俄国变成什么样了呢?我们曾在前面提到过,民众在改革后普遍产生一种深深的绝望情绪。广大农民仍与农奴制废除前一样贫穷。半破产的贵族们则牢骚满腹。全国各省成立了省自治会,但工作开展得很不得力。人们久久盼望的革命并没给他们带来幸福,最使人消沉颓唐的事情也莫过于此了。百姓对革命丧失了信心和热情,重又坠落到起点以下,甚至情况比原先更糟。

于是,在俄国青年中产生了对合法斗争方式深抱怀疑的情绪。

他们开始醒悟,不应对沙皇及他手下的大臣们有任何希冀与幻想。他们纷纷离乡背井,到国外去追求社会主义的革命理论、学说。流亡在国外的赫尔岑、巴枯宁通过一些由别人偷偷运回国内的报刊,在俄国境内散布他们的观点。1871 年,巴黎公社起义启发了那些俄国革命者,使他们想到有可能采取一次类似的行动。其中有一个人说:"我们看到了这场悲剧的发生,也并非没有收益。"在瑞士求学的一些俄国大学生与巴黎公社的一批逃亡者一起生活,接受了他们的社会革命观点。圣彼得堡沙俄政府对此深感不安,如坐针毡,很快就命令这些学生返回俄国。

这样,大约在 1873 年时,一批热血青年便云集国内。此时,国内许多妇女也在起着作用,因为自 1850 年以来,俄国已办起了女子中学。后来,一些知识分子也在圣彼得堡为女青年们开办了医科训练班。政府当局对此感到惴惴不安。这些受过教育的妇女与广大青年一样,急切希望改变社会制度,但苦于不知如何着手。对她们来说,农民和工人都仿佛是些陌生的异国人,他们甚至都不理解这批自称热爱他们的青年人的思想和语言。面临这一情况,该怎么办? 于是,多数人认为他们的职责是应该"到民间去"开展宣传工作,让人民群众懂得自己的贫困境遇和摆脱贫穷的可能性。索菲·巴蒂娜说:"当时,我们的理想是要有一个更好、更公正的组织。我们的宗旨是要使这一理想深入到人民的思想意识中去,唤起尚在他们心中沉睡的那些模糊感情。"

从 1872 年到 1878 年,大约有两三千名男女青年深入到民间去，他们大部分都是些贵族青年，有些则属于其他阶级出身的青年。这些年轻的工程师、医生、助产士、小学教员，有的孤身只影，有的通过假婚姻结合在一起，成双作对地分散到农村中去。只身一人与这些抛弃皮领子换上女工棉大衣的美貌女学生一起离家出走，想必是很令人心驰神往的吧。这样到民间去的那些人，就利用他们所掌握的技术知识去博取农民的信任；然后，他们在得到农民的信任后，便给农民念革命的小册子，同时又大发一通议论。他们中间有些人穿着庄稼人的装束下地劳动，或者应聘到工厂里去当工人。

屠格涅夫回到俄国时，深深地被这一运动打动了。他只是为了进行观察和料理个人事情才重返故土的，因为他已不再抱希望会在国内受人赞赏甚至被当作大文豪看待。公众似乎对他发表的作品显得很冷漠。他只在两个首都小住一阵，却跑到斯帕斯克村去重温旧梦。他在斯帕斯克村又见到了故园，踏看院落，研究邻居。他给他们讲法国和德国人。介绍法国人理解家庭和爱情的奇特方式，也描述了其他西欧人和那些令人费解的英国人，因为英国人的兴趣爱好实在使他深感困惑。他告诉众人，萨克雷听人朗诵了普希金的一首诗后，一点也不懂，竟然扑哧一声笑了出来。屠格涅夫除了做这些事外，还管理耕作。他的管家是个偷盗他家财物的窃贼；农民们也并不比管家好，他们偷砍树木，撬开酒库。屠格涅夫每年都要大摆筵席，请一班庄稼汉和那些穿着绣金边红裙的农妇来畅怀痛饮。此时，就得在平台上摆满盛伏特加的酒桶。但是，斯帕斯克村的主人一边怀着日益加深的怀疑主义心情观看这些平民饮酒跳舞，一边兴致勃勃地观察着新俄罗斯,因为,有人对他说,欧洲的改革应寄希望于这些平民。1876 年,屠格涅夫发表了一部关于新俄罗斯的小说《处女地》,这部小说又使许多人大为恼火。

小说主人公涅兹达诺夫是个大学生、革命者。他受一位自以为是自由主义者的官僚西比雅金之聘,和于连·索黑尔①一样当了家庭教师。后来,他随着这股时代的潮流深入到农村中去。西比雅金的外甥女玛利安娜赞同涅兹达诺夫的反抗精神,和他志同道合。她又想和他一起"到民间去",而且认为自己爱上了他。于是,他们双双出逃,躲藏在邻居沙罗明家里。

沙罗明是位工厂经理,本人也是个革命者。他是屠格涅夫笔下的一个新型人物,思想进步,但讲究实际,生气勃勃,活动能力很强。这样的人物正是屠格涅夫到那时为止一直在俄国费尽心机觅之不得的。现在,他认为在平民出身的新的一代人中看到了这种人物的成长。沙罗明没有那股狂热劲,根本不相信涅兹达诺夫和玛利安娜的事业能奏效:"沙罗明并不相信俄国就要发生革命,可是他不愿意把他的见解强加于人。他也不阻止别人去试试他们的力量,只是站在一旁观望……他在某种程度上对他们表示同情,因为他自己也是一个普通的平民;可是他明白,一般老百姓对革命运动很冷淡,而离了老百姓则寸步难行,必须先花费很长时间使他们觉醒过来,有个思想准备才行,但这却不是这些人的方式和手段所能奏效的。"

---

① 于连·索黑尔是法国作家司汤达的名著《红与黑》中的主人公。

相反，涅兹达诺夫却又是个幻想者，一个思想苦闷的人："那么，说到底，他真正相信这一事业吗？……呵！该死的艺术家气质！怀疑派！"他轻启嘴唇，低声喃喃道。"……你想当个什么样的革命家？还是去写你的诗吧，去耽在一边想你自己那些无聊的思想和感触吧，去埋头推敲种种心理的幻觉和微妙吧，尤其是不要把你那任性和病态的、神经质的激愤设想得与男性的愤慨有什么共同之处，也不要把它们设想得与一个有信仰的人的真诚的愤怒有什么共同之处！呵！汉姆雷特，丹麦的王子啊！……该怎样做才能不再在一切事情上都仿效你，步你的后尘？该怎样做才能不至于仿效你那自卑自咒的可耻乐趣？"

涅兹达诺夫被他所碰到的那种不解人情吓得惊恐万状："我到'民间去'已有两个星期了，然而，很难设想有什么事情比这种做法更为荒唐的了。不用说，这肯定是我的过错，是我个人的错。我不是个斯拉夫主义者；我不是那种刚跟这些幼稚而强壮的民众接触就在他们中间找到了万灵药的人；我并没把人民当作一条法兰绒护身似的绑在我那发痛的肚子上；不，正与此相反，我要让我自己去影响他们；可是，怎样去影响他们呢？用什么方法呢？事实上，我跟这些平民在一起的时候，我始终只是低声下气，伸长了耳朵听他们讲话，观察他们；但是，只要我开口说话，那就不像样了！我自己觉得自己不成，倒像个蹩脚戏子，在扮演一个自己所不擅长的角色。"

小说的结局很悲惨。是农民们让当局把那些危言耸听的知识分子逮走的。涅兹达诺夫自杀身亡，玛利安娜则最终嫁给了沙罗明。这样,情况又跟小说《前夜》一样,屠格涅夫结果又把一个满怀激情的女子赐给了强者,再一次摈弃了幻想者,即俄国的汉姆雷特,换句话说,也许就是再一次摈弃了他自己。眼看着那些最杰出的知识分子到头来厌恶辩证法,钦慕旷日持久的平凡行动,这真是一种司空见惯的怪想象。沙罗明以其沉着博得了屠格涅夫的欢心。他推崇沙罗明,说:"他头脑清晰,身体强壮得宛如一棵橡树,真是与众不同的一大稀珍。迄今为止,在我们国内,凡才识过人的聪明人都必定是个病夫。"

"我们所需要的并不是叫你们去修筑街垒……"沙罗明说,"你们妇道人家应该干的事……就是给你们那些平民小妹妹洗洗身子,这也并不是一件容易的事……你们去教孩子们念字母,给病人们送药……这不就是自我牺牲吗?你说呢?……请恕我直言……给一个脏孩子梳梳头也是一种自我牺牲,而且还是许多人都做不到的一种牺牲。"小说的最后结论使人只对沙罗明产生好感:"这些魁梧强壮、清一色的男子,我们需要他们,而且也只需要他们这些人。"

这样一本书当然惹得人人生气。年轻的革命家们看了火冒三丈。屠格涅夫的缺乏热情,看法过于清晰透彻,再一次挫伤并触怒了他的读者。他具有一种既触犯保守派又触怒革命派的惊人本领。如果说青年为此对他不满的话,父老们看到自己受到他笔下的沙罗明们那可怕的活力的威胁,也许对他更为不满。至于艺术家们对这部小说的评论,则又是另一番见解了。他们说,沙罗明与屠格涅夫以前在《前夜》中所写的保加利亚人一样,是个抽象人物;还说,俄国以前从未有过沙罗明这样的人物。

可是,俄国是一个风云突变、情绪波动很大的国家。此时的政治形势已与屠格涅夫构思《处女地》时的形势不完全相同了。沙俄当局早已想严厉惩处那些像涅兹达诺夫和玛利安娜一类"深入民间的使者"了。当时发生了两桩轰动一时的大型政治诉讼案件,即一百九十三人案件和五十人案件。所有的被告都被判了刑。这些宣传者虽然受到了严厉惩处,但这两桩诉讼案件却也给沙皇制度带来了更为严重的恶果。当局自此以后便禁止青年们搞和平宣传,其结果却适得其反,青年们纷纷成了暴力的拥护者。

一百九十三人遭到逮捕的第二天,圣彼得堡的警察头子特雷波夫将军就被一名少女①用枪击伤。这位少女与将军本人并无个人怨仇。据她说,她只不过是想惩罚他一下而已,因为将军有一天去视察监狱时,曾因一名大学生政治犯没有向他敬礼而鞭打过这名犯人。后来,这位少女也就获释了。

恐怖主义的谋杀事件层出不穷。当局惶惶不可终日,在全国范围内颁布了一项军事管制法,把整个国家分成六大军政府。恐怖主义分子的执行委员会对当局的这一行动作出反应,宣判处死沙皇亚历山大二世。其实,亚历山大二世倒是一个心地善良、竭力做到公正、不偏不倚的人,但是,在任何一个集权制国家里,一切功过都得归咎于集权头子。居斯蒂纳在三十年前写下这样一段话时,早已卓

---

① 在 1878 年行刺特雷波夫的是女革命家扎苏里奇(1849—1919),当时她已近三十岁,不是少女了。

有见识地预见到沙俄制度所隐伏着的危险："政治迷信是这个社会的灵魂,政治迷信又使这个社会的君主成了弱者抱怨强者的对象,成了尘世向天国发泄怨恨的对象;当我豢养的一条狗受伤时,它就跑来要我治愈它的创伤;当上帝惩罚俄国人时,俄国人就向沙皇申诉。这个在政治上对任何事情都不应负责的君主,却要按天意为一切事情负担责任,其结果势必是人篡夺了上帝的权力。"

当屠格涅夫在 1879 年再度回到俄国时,他感到惊讶的是,自己突然受到了犹如伟人般的接待。人们到处都邀请他,公开向他宣读他的小说。那些在半年前曾经诅咒他写了《处女地》的女青年,此时却央求他在这本小说上给她们签名留念。这些赋予他无上荣誉的活动并不像它们所表现的那样不一致。首先,人们都知道屠格涅夫代表着伟大的自由主义传统,他是宪法的拥护者;而且,对那些温和的俄国人来说,他们既指责当局动用武力残酷镇压革命,又指责搞暗杀的野蛮行径,因此也就乐于赋予这位作家以这份荣誉,把他当作他们所不敢表达的那些政治见解的象征。其次,屠格涅夫已成了一位经典作家;一部即使原本就很出色的小说,它所取得的成功也需要经过相当长一段时间才能深入到最底层的民众心目中去。现在,就连车站上的工人也会走近屠格涅夫身边,问他是否就是《猎人笔记》的作者了。

屠格涅夫懂得,大家给他的种种出乎意料的荣誉掩饰着向当局所做的政治性示威。他自己也在莫斯科的一次演讲会上说,他并不是作为小说家而是作为自由主义者受到众人称颂的。在圣彼得堡为他举行的一次大型晚宴上,他讲到了"大厦的顶饰",大家都领会他是在要求制定一部宪法。

但是,屠格涅夫伤心地发现,那些最激进的青年不屑参加为他所举行的各种庆祝活动。人总是一心只希望得到那些反对自己的人的赞许。有一天,合作出版一本革命杂志的青年作家们举行一次会议,他应邀出席,这样,彼此才有了接触。

会议的东道主们都是些曾经不得不艰苦奋斗才得以糊口的平民。屠格涅夫则是个曾经长期剥削农民(尽管他并非出于故意)的富翁。甚至于,他们彼此的外表也使他们互相疏远。屠格涅夫是个身材魁梧的彪形大汉,他的东道主们都是些营养不良的瘦小汉子。他们向他发问:"您对俄国所发生的事有何看法?俄国目前的情况与 1789 年的法国一样,我们不是正处于革命前夕吗?"屠格涅夫回答说,前途尚未可卜,发生革命还不太可能,因为反对派尚未团结一致。他说罢,对方无言以对,只有一阵令人难堪的沉默。在另一次会议上,有人问屠格涅夫,匹夫之责是投入恐怖分子的行列还是深入到人民群众中去。屠格涅夫略顿片刻说道:"我看到青年们都还一心想知道该做些什么,那就得由他们来对此做出回答。至于我,我只是在天南地北地遍访俄罗斯,我不会解决种种复杂的政治问题。"

1880 年,屠格涅夫到托尔斯泰家去小住了一阵。事情是这样的;1878 年 5 月的某一天,屠格涅夫收到托尔斯泰的 封信。当时,托尔斯泰刚好经历了一次精神激变,本着一种基督徒的亲善精神,希望和那些以前被他触犯过的人言归于好。托尔斯泰在信中写道,他深信,一个像屠格涅夫那样和蔼可亲的男子汉肯定在他之前早已把他们昔日的敌对情绪忘得一干二净了。

粗暴同屠格涅夫的性格自然是不相符的。倘若有人建议和他重修旧好,不难预料他是会欣然接受的。收到托尔斯泰的来信后,隔了三个月,屠格涅夫便前往雅斯纳雅·波良纳①,而且自那时起,他以后年年都到那儿去,直到 1880 年的这一次为止。托尔斯泰伯爵夫人发现屠格涅夫虽然头发灰白,年老体弱,但仍保持其幼稚懦弱的性格。她被他的谈吐,特别是被他那不同凡响的讲故事的本领迷住了。他描述得活灵活现,叫人听了有身临其境之感。托尔斯泰认为他这位客人是位杰出的英才,但却对他这种带有忧伤气息的戏谑有些反感,觉得他的说笑似乎在回避实质性问题,只是在一些细节问题上寻开心。等屠格涅夫起程踏上归途后,托尔斯泰给屠格涅夫写了一封信,要求屠格涅夫以后永远别再对他谈他的那些作品。"天晓得,"托尔斯泰在信中写道,"每当我重读自己的作品或听到别人谈起我的作品时,我心中便泛起一股错综复杂的情绪,主要还是自甘觉得问心有愧和深怕人家在嗤笑我……尽管我爱您并深信您对是我真诚相见的,但我觉得您似乎也在嘲笑这些拙作。因此,别再谈论我的拙作吧。"他在信中继续写道,绝不能拿两个人来作比较,又说每个人都自有一套解决问题的方式方法,"chacun a sa facon

---

① 托尔斯泰的庄园。

de so moucher"①。屠格涅夫复信道："尽管您要求我不再谈论您的作品或您的小说，我还是情不自禁地要向您说明，我从未嗤笑过您，丝毫也没有过。您的某些作品，我十分喜欢；另一些作品，我却一点都不喜欢；可是，我为什么要取笑您呢？我原以为您早已丢弃了这类情绪哩。"两个生来应该互相尊敬的伟大文豪，有时却由于一个误会或一种外貌上的印象而一辈子相互对立，甚至几乎敌对得像两个戴着面盔的骑士，双方谁也不能把铁盔的脸甲掀开。任何事情都没有比文人之间的这种争斗更常见、更可悲的了。

由此可见一斑，我们也就不难想象，屠格涅夫细微的一举一动，有时甚至是最诚心诚意的举动，究竟是怎样激怒托尔斯泰的了。1880年，屠格涅夫在雅斯纳雅·波良纳见到许多青年，并把他们都逗乐了。他在维亚尔杜夫人家里已养成了与孩子们周旋的习惯，再说，他也喜欢博取别人的欢心。一天晚上，大家想出花招做讲故事游戏，要轮番让每个人讲述在他生活中曾经有过的最令人神往的恋爱时刻。屠格涅夫所讲的故事很简单、平庸，完全符合他的风格。他说，他曾经爱过一位姑娘，并认为这位姑娘并没对他报以同样的感情。但有一次，他偶然看了她一眼，却发现她的双眸正脉脉含情地注视着他，于是他知道她也在爱着他。故事就是这样。这是他恋爱史上最令他神往的回忆。故事讲完后，在场的小伙子和姑娘们都

---

① 这句法文的意思就是"每个人都自有一套解决问题的方式方法"。当时的俄国知识分子无论在谈话或书信中都喜欢夹几句法文。

带着一种温情脉脉的揶揄神色面面相觑。这天晚上,屠格涅夫居然还跟一位十二岁的小姑娘跳了康康舞①,托尔斯泰在日记中写道:"屠格涅夫……跳起了康康舞……真令人伤心。"另一天晚上,十三个人一起共进晚餐。屠格涅夫在席间打趣道:"谁怕死,请举起手来!"说罢,他自己举起了手。那天晚上,托尔斯泰又在日记中写道:"屠格涅夫怎么不知羞耻地说怕死了呢?"

　　这两个人委实做出了真诚的努力以取得和解。他们各自都心里明白并承认对方是个伟大的文豪,但他们却没有共同的措施,步调不一致,而且感情上也格格不入,有些东西,其中一人认为是稀有之珍,在另一个眼里却又分文不值。屠格涅夫在托尔斯泰的精神领域中感到窒息,不能畅快呼吸。对他来说,艺术便是唯一的现实,因此他也就理解不了《什么是艺术》的作者的见解。"我十分同情托尔斯泰,"他写信给波隆斯基说,"不过,各人都自有一套掐死跳蚤的方法。"另一次,他就托尔斯泰的忏悔录发表评论道:"我怀着极大的兴趣读了他的忏悔录。就它的真诚、直率和坚定的信念来说,这是一篇出色的杰作;可是,它的道德准则都是错误的,而且,归根结底,它会把我们引入歧途,把朝气勃勃的人生看得一片漆黑。因此,这是一种虚无主义的东西。"

　　屠格涅夫1880年在雅斯纳雅·波良纳逗留期间,对托尔斯泰伯爵夫人说,他已不再写作了,原因是他已不再有恋情了,而他从来

---

　　① 康康舞是19世纪时在巴黎流行的一种怪诞的舞蹈。

都是只有在爱的时候才能写作的。诚然,维亚尔杜夫人对他还是有支配能力的。在那些他觉得身在俄国万分幸福的时日里,他会突然对朋友们说:"此时此刻,倘若维亚尔杜夫人向我发出召唤,我会马上赶到她那儿去的。"可是,他又经常抱怨这种把自己的一切奉献给他人之妻的生活。他以前曾劝年轻人不要结婚。现在,他却对他们说:"结婚吧,年轻人。你们想象不出光棍汉的晚年是多么凄凉。当你不得不违背自己的意愿而去坐在另一个男人的窝边,像接受施舍似的去领别人的情时,当你因为主人看不惯你、又不动恻隐之心,从而你又不得不像一条被人逐出的老狗似的东游西逛、到处飘零时,你才会尝到人到暮年的苦楚。"

然而,在屠格涅夫最后几次回俄国小住期间,另外一些女子也曾引起过他的兴趣。是爱情吗? 也许是的,因为爱情这个词含义很广,但是屠格涅夫的感情始终介于情欲和友谊之间。他与以往一样,对他这些漂亮女友大谈特谈她们纤细的玉手。"我喜欢和您一起度过数小时的良辰,"他写信给佛雷夫茨基男爵夫人道,"和您一起喝喝茶,看看结着冰的玻璃窗上形成的五花八门的图案……不,多荒唐啊! ……应该凝视您那双十分漂亮的明眸,不时吻吻您那双纤细动人的玉手,尽管这双手稍许大了些,但我喜欢这样的玉手。"后来,他又写道:"我觉得自己年事已高,这种感觉并不令人快活,甚至可以说是令人十分伤心的。我十二万分强烈地希望能在有生之年再一次振翅高飞。您能帮助我这样做吗?"

但他当真希望离开友谊的实地腾空飞跃吗?"我在初次遇见您

时,把您当作一位女友似的爱着,而此时此刻,我却有强烈的愿望想占有您,可是我已年迈了,并非不可抗拒地非要向您求爱不可……再说,此时还有其他一些原因拦住了我的去路。我知道得很清楚,您是决不会接受那种法国人所说的片刻之欢的。这就充分解释了我的行径。"屠格涅夫在六十岁时对待佛雷夫茨基男爵夫人的行为就与昔日对待达吉雅娜·巴枯宁一样。

但是,这位描绘爱情的大师必须按他自己的方式再恋爱一次。人生中,晚年时的心理状态往往与青春时期相似得出奇。年轻时浪漫的人,直至晚年也始终仍是浪漫的。老年人的爱情有时与青年人的爱情十分相似,腼腆的心情会赋予这种感情以一种稍许带些缠绵悱恻的魅力。1879 年,屠格涅夫肯定认为自己在俄国找到了另一个波利娜·维亚尔杜。当时,正在上演他的一出喜剧《村居一月》。一个女配角应该由一位名叫玛丽亚·嘉芙利奥芙娜·萨维娜的年轻演员扮演。① 屠格涅夫原先从未想到这个角色会有什么重要性,因此对这位演员扮演这个角色的热情颇感惊讶。"可是,这个角色有什么戏可演的?"他问她道。当屠格涅夫看到萨维娜把这个写得粗糙的人物形象演得惟妙惟肖时,不禁拍案叫绝:"我当初写的就是这个维洛契卡吗?……我从未重视过这个人物……对我来说,主要人物是娜塔丽亚·彼特洛芙娜。"萨维娜善于深入角色,把一个情窦初开的少女内心的善良和克己精神演得淋漓尽致,于是,屠格涅夫

---

① 这里所讲的关于屠格涅夫和萨维娜之间的一段故事是根据柯尼和莫洛恰诺夫用俄文合写的文章改编的,承蒙几位俄国朋友帮助,由他们给我译出的。——原注

立刻就承认了她那出色的表演天才。

从此,屠格涅夫和萨维娜之间建立了一种亲密无间的关系。他觉得她不仅是位年轻妩媚的女子,而且还是一位感情细腻、很有造诣的艺术家。实际上,他心中所萌生的情绪与他在白熊皮的第三个爪子上占座时所感受到的正好是同一性质的激情。萨维娜也像维亚尔杜夫人一样出色,能使观众情绪激奋得不能自制。而且,屠格涅夫也可以这样对她说:"演到这儿停下吧!让我此刻所看到的你永远以这种形象留在我的记忆中吧……"甚至他还可以向她倾诉自己的种种幻想、计划以及对自己同时代人的真诚看法。再加上她又是俄国人,总是容易理解屠格涅夫的思想感情的。还有一点是"那一位"①所没有的,那就是萨维娜年当青春,容光照人,鲜艳娇媚。她初次演出《村居一月》时年仅二十五岁。正如屠格涅夫自己所说,她与他相遇时正值他时来运转之际,俄国公众"宽恕"了他,到处热情洋溢地欢迎他。这一切使他青春复燃,返老还童,也重新给了他勇气。他现在不禁喃喃自问:"我这棵干枯的老树重抽新芽是事出偶然吗?……青春年少的女性从四面八方向我袭来,湮没了我这颗衰老的心。这颗心在与她们柔情绵绵的心灵接触之下,又染上了一层久已褪尽的殷红色泽,重新燃起了昔日的熊熊火焰。"

"我现在觉得,"他在与萨维娜分手后,给她写信道,"您已成了我生活中永远也离不了的人儿。我经常思念您,这种思念已超过了

---

① 指波利娜·维亚尔杜夫人。

应有的程度。我爱您。"他邀请她到斯帕斯克村去住两天,因为她会从圣彼得堡起程到敖德萨去演出一段时间,而斯帕斯克村正是她此行途中必经之地。她婉拒了,但屠格涅夫获准陪同她乘火车去奥廖尔。

到了奥廖尔,屠格涅夫与萨维娜分手。次日,他给她写信道:

亲爱的玛丽亚·嘉芙利奥芙娜:

我回到斯帕斯克村已有一个半小时了。我在奥廖尔过的夜。这是既美好又糟糕的一夜。说它美好,是因为我只是一个劲地思念您,说它糟糕,是因为我彻夜不能入眠……昨天晚上,当您坐在敞着的车窗前时,我默默地站在您面前。我后来只说了"失望"这个词……您把它归咎于您,可是我却另有想法……我真想搂住您,把您抱下车来……可惜谨慎压倒了这一鲁莽的想法……请您只要想想人家会在报上怎么报道就行了!我仿佛现在已看到这篇题为《奥廖尔车站上的丑闻》的文章。文章内容大致如此:"昨天发生了一件惊人事件。作家 T……一个年逾花甲的老头! 为前往敖德萨巡回演出的著名女伶 S 送行,在列车启动时,该老作家竟像是有魔鬼附身,倏地从车窗外一把将 S 女士抓住。尽管女伶拼命反抗,终因体弱无望……"这将在整个俄罗斯引起多大的轰动和多厉害的议论啊! 然而,正如生活中几乎总会发生的那样,差点儿……

在事后的那些时日里,屠格涅夫无论做什么、想什么,"在他内心深处总是回响着同一个音符"。他不时回忆起在车厢里所度过的时刻,在那段时间里,他几乎觉得自己是个年仅二十岁的青年。他意识到,这一美好的时刻好比是一盏油灯在灯油耗尽前所发出的最后一丝回光,又好比是一扇已经半启的门,某种神秘奥妙的东西在门后昙花一现似的闪过后,这扇门便永远关闭了。

第二年,萨维娜因病休息,同意到斯帕斯克村来调养一阵。她的光临,对屠格涅夫来说简直成了一次盛大的节日。他一边给来宾们朗诵他的《爱的凯歌》,陪着他们在树林里散步,聆听"月夜的和声",一边端详他的这位女宾。"在这些日子里,"他事后给她写信道,"我得以更进一步了解了您身上所有的品德和弱点,我对您也就更加眷恋;我是您完全可以信赖的一位朋友……"

一个月以后,萨维娜订婚了。于是,屠格涅夫的爱情又一次滑向友谊。然而,他在过了两个月后又给她写信道:"请您想象这样一种情景:十月的威尼斯或罗马……两个外国人驾着一叶平底小舟。其中一位身材高大,两条长腿,动作笨拙,满头白发,但满脸春风;另一位是个长着一双乌亮动人的明眸、满头黑发的少妇,假设她也满心喜悦。他们一起参观画廊、教堂……共进晚餐,晚上赴剧院看戏……然后……但是,我的想象满怀敬意地到此停了下来……是因为必须隐藏起某种感情?……或是因为没什么要隐藏的?"这一切又是以手的题材收尾的:"亲吻您的玉手真叫人感到舒服,像您这样的玉手,我还从未见到过。"

屠格涅夫的最后一篇短篇小说《克拉拉·密里奇》想必是他从这种感情和另一位女演员卡德米娜的真实艳遇中取得灵感而写就的。① 这篇小说的主题优美动人。克拉拉是一位年轻的女演员,属于"满怀激情的处女"这一类型的人物。她热恋一位感情冷漠、信奉禁欲主义信条的青年。这个青年因害怕生活而拒绝她的追求(这是典型的屠格涅夫式题材)。她悲愤交加,在舞台上服毒自尽。该青年在她死后一心只牵挂着由他造成的这一悲剧,死者占据了他整个身心。他最终把她生前遭到拒绝的感情给了这个怨鬼。

　　雅莫林斯基说:"屠格涅夫似乎想设法通过这个故事向自己证实,他还并没完全结束生命,倘若爱情确实十分强烈,它能给人们在冥府地狱中所遇到的阴魂添上种种亲切、热烈和富有人情味的色彩。可是,他自己却又并不真正相信这一点。"强烈的感情就这样在不信神鬼者的心中唤起遗憾之情,同时也勾起了要在来生长相守的那种模糊的希望。

　　屠格涅夫在俄国的这些风流韵事,只能在他的生活中起微乎其微的作用。他的住所还是在布吉瓦尔的"桴木别墅"和杜埃街四十八号。雅莫林斯基说:"成为世界上最伟大的文学天才但从此不再去见维亚尔杜夫妇,或者到天涯的另一端去当维亚尔杜夫妇的看门人;倘若要屠格涅夫在这两者之间选择取舍,他准会去当看门人的。"因此,我们尤其应该设想一下他一生中最后十年在巴黎的情

---

　　① 《克拉拉·密里奇》又名《死后》,是根据歌剧演员卡德米娜和一个姓阿列尼青的学者的真实的故事写成的。

况。那时,他生活在一个我们颇熟悉的环境里,因为在那个环境里起初有乔治·桑、福楼拜,后来又有龚古尔兄弟、阿尔封斯·都德、左拉,乃至年轻的莫泊桑。我们曾经提到过,他对乔治·桑始终怀有十分强烈的倾慕之心。乔治·桑是他青年时代的师长。后来,他才明白,她所带给他的对世界的看法有些模糊不清,但是,他全仗她才看到了不完全的真理,"这种不完全的真理使他找到了而且将始终找到一些尚处于不能通晓全部真理的那种年龄的恋人"。

屠格涅夫与福楼拜相处得更自在。他是在 1858 年结识福楼拜的。他们两人后来在 1863 年结成知交。阿尔封斯·都德说:"有一根纽带、一副相似无异的天真的好心肠维系着这两位天才。是乔治·桑把他们两人结合在一起的。福楼拜喜欢夸夸其谈,爱责难人,说话粗声粗气,带着强有力的讽刺气息观察事物,具有诺曼底人神气活现的举止,是个堂吉诃德式的人物。他在这门所谓'珠联璧合的婚姻'中,便是有魄力的男方。屠格涅夫是个彪形大汉,长着两条乱麻似的眉毛,脸部线条宽阔扁平。可是谁会猜得到这个身材魁梧的人却是'这门亲事'的女方呢?'这个妻子'便是他自己在他的著作中所描绘的那种感觉敏锐、温顺体贴的女子,那种神经质,多情,无精打采,像东方女子似的懵懵懂懂,像一股反抗力量似的悲惨的俄罗斯女性。在这所人声鼎沸、庞大杂乱的人类制造厂中,灵魂往往披错外衣,男子的灵魂投入了女性的躯体,而女子的灵魂却投入巨人的体内。"

这两位作家在写作上同样都注重精益求精,不过,屠格涅夫则更讲究笔法简练。大仲马曾经这样评论过他们：福楼拜是个巨人，他砍倒一片森林，用以制作一批火柴盒；屠格涅夫则砍倒一些细白的树木，用以建造一批像人一般高大的木房屋。但是，他们都尊重艺术，这种一致性促使他们彼此亲近。福楼拜把屠格涅夫称作"卓越的莫斯科人"，把他视为最优秀的文学顾问，"昨天，我和屠格涅夫一起度过了美好的一天。我给他念了已经写好的一百一十五页《圣安东尼的诱惑》，然后又几乎给他念了半部《最后的曲子》。他是多么出色的听众和评论家啊！他的评论深刻而又清晰，令我叹服。啊！如果所有那些涉足于书评的人都能听到他的高见，该有多大教益啊！任何不足之处都逃不过他的耳目。他听了一出一百首诗的剧本后，居然还记得有一个修饰语用得不够分量！他给我的《圣安东尼的诱惑》在两三处细节上提了非常贴切的意见"。

　　1870年战争后，屠格涅夫养成了每个星期天都要到福楼拜家里去的习惯。当时，福楼拜经常身穿无袖长袍，头戴土耳其小帽，无拘无束地在巴黎蒙梭公园的公寓里接待来宾。屠格涅夫带来一卷歌德或史文朋①的著作，开卷为朋友们即席翻译。亨利·詹姆斯②有时也是座上客。后来，福楼拜家搬迁，他们便转至圣-奥诺雷镇聚会。亨利·詹姆斯对我们说："大家主要谈论文艺形式问题。所有在场的人都认为艺术和道德是完全不同的两回事，一部小说唯一的价值就在于写得出色。"

---

　　① 史文朋(1837—1909)，英国诗人。
　　② 亨利·詹姆斯(1843—1916)，美国小说家。

屠格涅夫有时对福楼拜的一些想法和美学理论感到大为惊讶。他们两人都是以浪漫主义起家的,但是,福楼拜始终要比屠格涅夫更浪漫。福楼拜在一封信中写道:"我倘若这样继续下去,势必可在二月底把《希罗底》①脱稿……它将会是一部什么样的作品? 我全然不知。不管怎样,它看起来极为粗俗,因为,总而言之,它只是充斥着粗鲁、夸张和浮躁,仅此而已。让我们放肆些,别那么循规蹈矩。"当屠格涅夫读到这几句话时,这位"卓越的莫斯科人"的惊讶心情是不难设想的。而屠格涅夫,他早就不赞同那种放肆的手法,并对"粗俗"深恶痛绝。

　　一天,福楼拜向乔治·桑女士诉说自己心中的苦闷,说他在他所喜爱的某一类型的法国散文这个问题上,与朋友们的意见不一致:"要看法一致可真难啊! 有两个人是我十分爱戴的,我把他们看成是真正的艺术家。这两个人便是屠格涅夫和左拉。但我对他们的器重也并不妨碍他们压根不欣赏夏多勃里昂②的散文,至于戈蒂埃③的散文那就更不消说了。有些句子,我看了觉得心醉神迷,他们却觉得空洞乏味。究竟谁判断有误? 就连你最亲近的人也在这些地方与你距离如此之大,那又怎样使公众满意呢? 这一切都使我万分伤心。请不要见笑。"

　　屠格涅夫和福楼拜在一起时,往往都是屠格涅夫在讲,福楼拜

---

① 《希罗底》是福楼拜所写的三部中篇之一,发表于 1877 年。
② 夏多勃里昂(1768—1848),法国浪漫主义作家。
③ 戈蒂埃(1811—1872),法国诗人、小说家、文学评论家。

则满怀敬意地专心谛听。莫泊桑描写福楼拜此时的神情，说他"睁大了他那双湛蓝的眸子注视着屠格涅夫，不时眨巴眼睛；虔诚地聆听屠格涅夫说话，拉开嗓门应和屠格涅夫柔声细气的声音。这发自高卢老战士髭须下的嗓音，清脆嘹亮，宛如号角声"。

些许情趣不同并不会使这两位作家彼此有很深的隔阂。他们在其他许多地方还是十分相近的。他们"都膜拜诗歌，厌恶没有文艺修养的庸人，曾经都得过且过地过日子，对将来没有个计划，一心只追求一个目标，就是要致力于文学，最后只落得凄凉孤寂，忧郁难忍，壮志未酬，痛苦不堪，险些丧生"。他们还有相同的人生哲学，面对一个敌对的世界持有同样高傲的态度，对平庸同样深恶痛绝。实际上，尽管屠格涅夫的文艺观点已有所演进，他们还同属没有很好地得到治愈的浪漫主义。屠格涅夫在 1876 年 10 月 25 日写道："我读了拜伦爵士的《唐璜》的第二章节，在这平淡的作品中毕竟还透出一丝光明灿烂的痕迹。"

屠格涅夫主要是通过福楼拜才与当时的其他法国作家接近。1872 年，福楼拜邀请屠格涅夫与泰奥菲尔·戈蒂埃、爱德蒙·德·龚古尔一起共进晚餐。我们在龚古尔兄弟撰写的《龚古尔兄弟日记》中看到了那时一个老态龙钟的屠格涅夫的形象："屠格涅夫，这个温和的巨人，这个和蔼可亲的蛮族人，银发垂在眼前，额上布满深深的皱纹，延伸在左右两面的太阳穴间，犹如犁出的条条田沟。他谈吐天真幼稚；席间，才上汤，他就以天真细腻的言谈迷住了我们，按俄罗斯的说法，以他动听的言辞诱惑了我们，这就是斯拉夫民族的迷人之处,而他身上的这股魅力还添上了一种独特的个人才智和浪迹天涯者的渊博知识。"

后来,福楼拜还举行过类似的晚宴。乔治·桑女士也参与了朋友们的这种聚会。"她此时已衰老得越来越干瘪,但还是童心未改,浑身洋溢着 18 世纪的老妇人所特有的乐天气息。"嗣后,福楼拜对这类晚宴产生了兴趣,要与众人每月聚餐一次。于是,同年 4 月 14日在富丽咖啡馆首次举办了这种每月聚餐会。除福楼拜本人以外,应邀前来的来宾有屠格涅夫、左拉、阿尔封斯·都德等人。聚餐会此后便按时举行,直至死神把他们拆散为止。

左拉并不怎么博得屠格涅夫的欢心。左拉对人们冷落他的作品内心感到痛苦万分,愤愤不平,牢骚满腹。这使得一个比他年长许多的人惊讶不已。这个人几乎终生勇敢地接受了炎凉世态的不公正待遇,并把这种不公正视为人与人之间的斗争的一个组成部分;这个人不是别人,就是屠格涅夫。左拉说过这样一句话:"一位俄国朋友声称让-雅克·卢梭是地道的法国类型的人物,只有在法国才能找到这类人物。"左拉确实使屠格涅夫联想起卢梭来。此外,屠格涅夫也不喜欢左拉的美学观念。"我阅读了左拉的专栏文章,"屠格涅夫在给福楼拜的信中写道,"我怎么说呢? 我同情他。是的,他引起了我的同情,恐怕他从未读过莎士比亚的著作。这是他永远也洗刷不掉的一个具有根本性的污点。"

福楼拜与屠格涅夫颇有同感。在他们两人的心目中,这些年轻人都缺乏诗意。"我与您一样,"福楼拜复信道,"我也读过《小酒店》的一些片段。我不喜欢它们。左拉本末倒置,成了一个矫揉造作的妇道人家。他以为自己说的话很有分量,宛若卡多斯和玛德龙①认为自己说得很高尚。其实,是思想体系使他迷失了方向。他有自己的一些原则,但这些原则束缚了他的头脑。不妨请您读读他的星期一专栏文章,您将从这些文章中看到,他满以为自己发现了'自然主义'哩! 至于诗意和风格,这两个永恒的要素,他却始终闭口不谈! 同样,也不妨请您问问我们的朋友龚古尔。倘若他肯坦率相告的话,他定会向您承认,他认为在巴尔扎克之前法国文学是不存在的。这就是肆意发挥和深恐陷于公式化的必然结果。"

这些聚餐往往气氛很忧伤。泰奥菲尔·戈蒂埃说:"我仿佛有一种已死的感觉。"屠格涅夫接口道:"我则有另一种感觉……你们知道,有时在一套公寓里有一种难以嗅到的麝香味儿,怎么也不能驱散它,不能使它消失殆尽……在我的周围仿佛有一种死人味儿,一种死亡、腐化的味儿。"这种死人味儿老纠缠着屠格涅夫。每当有一位朋友去世,这噩耗都会使他联想起自己也临近死亡了:"乔治·桑女士的去世使我十分悲痛。亲爱的乔治·桑女士,这个可怜的人儿,她有一颗多么善良的心哪! 她丝毫没有任何卑鄙、偏狭、虚伪的感情;她是个多么好的人哪! 多么善良的妇女! 现在万事皆休,她已长眠在这个阴森可怖、贪得无厌、沉默愚蠢的洞穴中,可这墓穴压根不知道它所吞噬的是什么! 算了吧,一切都已无可挽回,就让我

---

① 卡多斯和玛德龙均为《小酒店》里的人物。

们尽量把下巴露出水面,苟安一时吧。"

1878 年,屠格涅夫年满六十。他在这花甲之年时颇为感慨地说:"这是人生暮年之始。人过四十岁后便只有一句俗语用以形容人生的实质,即万事皆休。六十过后,生活便绝对成为个人养老防死的私事了。"

1880 年,屠格涅夫对他的朋友们讲起"几天前,晚上心脏突然紧缩,伴之而来的是床对面的墙上出现一大片褐色阴影。他此时正处在半睡半醒的梦幻状态中,这褐色阴影便是一场噩梦中的死神"。那一年,福楼拜与世长辞。爱德蒙·龚古尔、都德、左拉一起把福楼拜的灵柩抬向鲁昂的纪念性墓地①。人们在他们周围谈论着这位蓄有诺曼底式髭须的美髯公和橘味小鸭。公墓里洋溢着山楂花的芳香。屠格涅夫没有参加葬礼,他此时正在俄国旅行。他得悉这一噩耗后,建议为福楼拜纪念碑募捐,不料却在国内招来了非议。

1882 年,聚餐会仍继续举行,但大家却只在席间谈论死亡。屠格涅夫说:"我呢,这是经常萦绕在我脑海里的一个念头。当这个念头向我袭来时,我便这样撇开它。"他边说边用手做一个小小的否认性手势,"因为,对我们这些人来说,斯拉夫的烟雾是好事一桩……它的好处就在于可以使我们摆脱掉我们的思维逻辑,免得无休无止地推断……在我们国内,人们对我们说,当你们陷于狂飙卷雪的大风暴中时,'千万别去想这彻骨之寒,否则,你们就将冻死于雪地之

---

① 在鲁昂的这个墓地里,有夏皮雕塑的福楼拜塑像。

中!'嗨！多亏我对你们所说的这种烟雾,陷于狂飙卷雪的大风暴中的斯拉夫人便不去想这彻骨之寒,于是,我脑中的死亡之念也就淡薄了,并很快就消失殆尽。"

其实,屠格涅夫此时已抱病在身。1883 年,大夫给他做手术,切除了一个囊肿。他真不愧为一个真正的人,事后居然对都德说:"手术时,我在想我们的聚餐会。当手术刀触及我的皮肤,切入我的肉里时,我在寻找能用来向你们诉说切身体会的词儿……宛如一把钢刀在切香蕉。"

后来,病情恶化了。夏尔科①说他患的是心绞痛病。屠格涅夫感到背部剧烈疼痛。会诊的大夫们都强迫他绝对卧床休息。他给自己起个名,叫"软体动物族长",并设法在他所说的"乐天的失望"的基础上为自己编制了一套逆来顺受的哲学。他为那些与他境遇相同的人制定几条守则:"默想过去,安于现状,决不想未来。为了安安静静地活着,永远不该再做任何事情,永远不该再向自己提任何建议,不要相信任何人,要无所畏惧……总之,何必动弹? 牡蛎沉在水底动弹吗? 而它们却照样活着。"

但是,所谓的心绞痛实际上可能就是脊髓癌。尽管用了敷剂、氯醛和氯仿,屠格涅夫还是不能入眠。他剧疼难忍,吃尽了苦头。但他很有自制力,设法遵循叔本华②的告诫,十分耐心地与病魔做斗争。叔本华的理论是,仔细分析自己所受的各种痛苦,便能使痛

---

① 夏尔科(1825—1893),法国著名医师。
② 叔本华(1788—1860),德国唯心主义哲学家,唯意志论者。

苦变得较能忍受。大夫给屠格涅夫用了很多吗啡，使他昏昏沉沉，但他还是痛得号叫不已，只求速死，免受痛苦。当时，维亚尔杜夫人十分耐心地在一旁照料他。他央求维亚尔杜夫人把他扔出窗外，让他一死了之。"可是，亲爱的屠格涅夫，您过于高大，过于沉重，我一个妇道人家实在是力不从心。再说，这样做会伤害您的，我也于心不忍哪！"屠格涅夫听了也不禁露出了微笑。整整三个月，他就一直处于半谵妄状态中。"前不久，我已沉于海底，"他对批评家安年科夫说，"我看到一些妖魔鬼怪，狰狞可怖的生物，它们交织纠缠在一起……这种情景还没有人描绘过，因为见过这番情景的人还没有一个幸免于难的。"

现在，他知道自己没指望了，但还是抱病在为出版他的作品全集操心。他原想死后葬在他的老师普希金的墓边，但又觉得自己不配有这份资格。

屠格涅夫在病危时收到托尔斯泰的一封来信。"得知您罹疾的消息，我心绪大为不宁。"托尔斯泰在信中写道，"当我得知您病情严重时，我才明白我是多么爱您。我觉得，倘若您比我先去世，这对我实在是一种莫大的痛苦。"屠格涅夫忍着病痛，用铅笔草草写了一封回信：

亲爱的列夫·尼古拉耶维奇：

我因病魔缠身，久未给您写信。坦率相告，此时我已躺在死神的床榻上，危在旦夕。我既已无望康复，将不久于人世，再去想它也无济于事。我现给您复函,只是为了告诉您,我对自己有幸做过您的同时代人深感欣慰,同时,也是为了向您提出最后一次请求。我的朋友,务请您重整旗鼓,投入文学工作中去。您的文才与其他天赋一样,出自同一源泉。倘若此函能对您有所影响,我将万分庆幸我现已不能讲话,不能进食,也不能入眠。甚至提及这些生活常事,我都感到筋疲力尽。我的朋友,俄罗斯大地上的伟大作家,请您接受我的请求吧。此函是否收到,望告。请允许我最后一次十分贴近地吻您、您的妻子和您全家老少。我已支持不住,我已乏力了……

妩媚动人的萨维娜也给屠格涅夫写来了信。屠格涅夫复函道:"您的来信掉进了我那灰冷的生命,宛如一瓣玫瑰飘落在混浊的溪流中……我已丧失了勇气……我已不再指望日后再见到您的容颜,我也不再允许自己抱幻想重新见到您……最亲爱的朋友,我甚至再也不敢去思索您这句话的意思:'我在巴黎与您分手时内心是多么痛苦啊!愿您经常回忆起这一情景,那是我当时的内心感受啊!'我相信,倘若我们在生活的道路上相遇得更早一些,那么……何必再说这些呢?我现在就像《贵族之家》里的德国人伦蒙一样,目光注视着我的棺材,而不是一个玫瑰色的锦绣前程。"

曲终寿尽。人生奇妙的幻梦将以何等更为奇特的觉醒而告终?屠格涅夫在他的一部小说的结尾中曾这样写道:"人生何以过得如此之快?死亡何以如此迫近?死亡好比渔夫,渔夫张开渔网逮住了一条鱼,还让它在水中浸上片刻,鱼儿仍继续在水中游动,但渔网已把它团团围住,只要渔夫愿意,随时都可捉住鱼儿。"

屠格涅夫在患病期间写了最后几首散文诗。其中一首这样写道:

> 这蓝天白云,轻絮飘逸,
>
> 这百花吐艳,芳香四溢;
>
> 一个像银铃般清脆、温柔、年轻的声音,
>
> 一批光彩夺目的艺术杰作瑰丽的语言;
>
> 一张妩媚动人的女子脸上幸福的笑颜,
>
> 一双令人着迷的勾魂美目传来的情谊……
>
> 有什么用? 这一切又有什么用呢?
>
> 每隔两小时服一匙药剂,
>
> 我需要的就是这些东西。
>
> 这些无用的药剂,
>
> 实在太令人生厌。①

屠格涅夫在临死前两周把维亚尔杜夫人唤至床前,眼里噙着泪花,要求她根据他口述写文章。他说:"我想把我脑海中酝酿成熟的一则故事写下来,但这样做会使我过于疲乏的,我做不到。"

---

① 这几句散文诗由翻译家查理·萨罗蒙译成法文。——原注

"那就请您向我口述吧。"维亚尔杜夫人说,"我用俄文写不快,但如果您有耐心,我想我能把它慢慢笔录下来的。"

"不,不,"屠格涅夫急忙说道,"倘若我用俄文口述,为了选择词组,我可能每字每句都得中途停顿。我觉得,要这样耗费精力,那我是无能为力的。不能这样做。我想用您和我都会的各种语言给您口述故事,用我不必费神而最易上口的词组来表达。"

口述工作就以这种方式进行,文章终于写就了。故事描写一个身心衰退的俄国贵族的沉沦经历,起名为《末日》。

了却这桩心愿后,这个昔日的彪形大汉已被病魔折磨得脱了形,瘦得不像样了。他喟叹道:"我骨瘦如柴,拖着这两条瘦骨嶙峋的蝗虫腿怎么活呀!"他在一首散文诗中自问:"我临终时将想些什么?"但他最后是在梦幻中与世长辞的。"看,"他临终前说,"多奇怪呀,我的腿悬挂在那个角落里。屋子里满是棺材。"此时,尽管他身边围着一群法国人,他却在讲俄语,诵读着一些诗句。这些诗句也许是巴枯宁以前在芦苇塘畔给他朗诵过的……也许他以为重新闻到了他童年时代所喜欢的那种收割下来的荞麦和黑麦的芳香味吧。

他在咽气前几分钟恢复了知觉,说道:"请走近些……更近些。诀别的时刻到了……像世世代代俄国沙皇驾崩一样。"刹那间,他似乎认出了维亚尔杜夫人,冲着她说道:"她便是皇后中的皇后,她做了多少好事啊!"屠格涅夫终于在1883年9月3日逝世。"那时,他已连续两天昏迷不醒,不再感到痛苦了。他生命的火花慢慢熄灭,在两次痉挛后,终于咽了气。我们都默默地静守在他身旁……他又变得与昔日一样俊美。去世后的第一天里,他眉宇间还留有痉挛后蹙成的一道深深的皱纹!第二天,他脸部重新显露出他生前惯有的那种慈祥的表情。大家还以为见到他在温和地微笑。”

在为死者超度的宗教仪式上,屠格涅夫的灵柩周围“站满了人,他们身材魁梧,哀容满面,长着天主式的长须。这些人无疑是定居在法国首都的全体俄国侨民”。很多妇女闻讯都从各国赶来。这些膜拜屠格涅夫的女读者都是专程前来向这位文豪表示最后敬意的。他的那些文坛挚友一边护送他的灵柩去车站,一边讲述着他在福楼拜家的晚宴上给他们叙说的那些故事。“这些故事开始时仿佛是从烟雾中渐渐显露出来似的,越往下讲就变得十分引人入胜,十分精彩,十分动人心弦。”

屠格涅夫的遗体被运回俄国。爱德蒙·阿菩①和勒南②分别在火车站上致辞。屠格涅夫生前曾向他的一位朋友说过:“等到我们归天,你将看到人们会如何对待我们!”他的葬礼果然像普希金的葬礼一样轰动了圣彼得堡,其盛况是继普希金之后人们所未见过的。成千上万的人护送他的灵柩去墓地。恐怖党发表了一篇悼念他的声明;俄国所有监狱里的政治犯敬献了一个花圈,安放在他的灵柩上,花圈上写着这样的题词:献给不朽的伟人,全体英灵敬挽。年轻

---

① 爱德蒙·阿菩(1828—1885),法国作家,法兰西学院院士。
② 勒南(1823—1892),法国作家,法兰西学院院士。

的一代在他生前对他抱有不信任的敌意,给他凄凉的人生增添了那么多痛苦,而今,在他逝世后却终于向他的遗体表示了无限的敬意。倘若他活着见到这一场面,此情此景必定会使这位大文豪深为感动的。古往今来,似乎唯独死亡才会使人们宽恕一位天才。

二十五年后,在圣彼得堡的科学院大厅里开设了一个屠格涅夫纪念馆。人们事先把所有这些破旧简陋的物品全都收集在一起,陈列在这个纪念馆里。我们凭借这些物品,尽力设法追忆已故的伟人,但终究是物在人亡。不过,从瓦尔瓦拉·彼特罗夫娜记事手册上的一小页纸到斯帕斯克村庄园里那张有名的沙发,凡是与他有关的一切都陈列在纪念馆里。人们在那一小页纸上可以读到这样一些字:"儿子伊凡于 1818 年 10 月 28 日中午出生,身高十二维尔勺克①";在那张沙发上面则可以看到有一支猎枪悬挂在那儿。纪念馆的看守人员很快就发现,有人在屠格涅夫的像前放了一束新鲜的玫瑰花。一位年近六旬的贵妇人每天前来换上一束鲜花。原来,这些完美无瑕、娇脆易谢的玫瑰花都是玛丽亚·嘉芙利奥芙娜·萨维娜带来献给屠格涅夫的。人们想象不出还有什么样的丰碑会比由一位女友漂亮的双手放在他肖像前的这些鲜花更能使屠格涅夫感到欣慰而含笑于九泉的了。

---

① 维尔勺克即俄寸,1 维尔勺克等于 4.4 厘米。

第四章　屠格涅夫的艺术

　　文学争论是世间激烈而又毫无价值的唇枪舌剑中的一种,倘若没有这些无聊的舌战,世人似乎会觉得他们短暂的人生过于漫长。照例说,由两位风格迥异的作家所赋予人们的精神享受,应该是两种泾渭分明、彼此间无以类比的情操,而且,这两种情操也不可能相互贬斥、相互损害。但是,在 18 世纪时,拉辛的崇拜者的所作所为却像一些争风吃醋的情人,一心想把对高乃依的任何缅怀之情从他们的情妇的脑海中清除出去;当前的情景也与那时毫无二致,俄罗斯文学已在西欧激起了天真奇异的激情。人们狂热地迷恋起陀思妥耶夫斯基来了(热爱陀思妥耶夫斯基当然也是有道理的),但这些人是想以对他的热爱来反对托尔斯泰,尤其是反对屠格涅夫。"人们在交口称颂一位俄罗斯作家时,"罗伯特·林特说,"贬低别的作家已成了惯例。这些人凡事都做得很绝,仿佛他们在崇拜文学偶像时都是些一神论者,看到别人对这位作家的劲敌敬之若神,就

　　　　　　　　　　屠格涅夫传

忍受不了。"

　　人世间的事情几乎总是这样的,在表面的荒谬之下隐藏着一种真正的情绪。我们竭力为一位作家辩护,但所捍卫的东西并不是他的著作,而是我们自己潜藏的情趣。我们在文学上的选择和偏爱,都取决于我们的感情和精神需要。当我们在一部小说中重新找到自己那种内心不安或宁静的切实形象时,我们会把贬抑这一形象的评论视为自己的敌人。生活在我们当中的陀思妥耶夫斯基的信徒们,对屠格涅夫所抱的情绪与陀思妥耶夫斯基本人对他所抱的情绪是一模一样的。在读者的圈子里,情况与作家的圈子里完全一样,不同气质的人相互对立、相互抗争。没有任何东西比这更自然的了,甚至,也许可以说没有任何东西比这更正确的了。指责屠格涅夫没有创作出像陀思妥耶夫斯基那样的作品,那是在为一棵苹果树没有结出桃子而抱憾。

　　然而,难道容许按自己的偏好来给各种水果分类?我们不能要求荆棘结出桃子,这是显而易见的。但是,我们能不能说,在各类水果中我们认为桃子比桑葚好呢?陀思妥耶夫斯基或托尔斯泰的狂热的崇拜者们说,倘若我们对比一下由这三位俄罗斯文学大师所筑的天地,我们乐于承认屠格涅夫的天地完全符合他本人的气质,在所有可能存在的天地中,它是最具屠格涅夫特色的。我们承认,这个天地有它动人心弦的高雅之处,甚至还有一定程度的真实性;但是,我们也看到,这个天地是狭窄的。人们很快就周游了这个天地。读了屠格涅夫的两部小说之后,人们就熟悉了他的布景;这种布景几乎是一成不变的,总是一幢属于小康贵族人家的俄罗斯乡间宅院,"带有铜饰、橱身圆鼓鼓的斗橱,椅背呈椭圆形的白色扶手椅,带有玻璃坠子的枝形水晶吊灯",窄小的卧床,床顶上悬挂着老式条纹布的床幔,床头放着一帧圣像,地板上铺着蜡迹斑斑的旧地毯。人们熟悉他笔底下描绘的景色:奥廖尔省的茫茫草原,葱茏的桦树林和山杨树林,阴霾的云雾,长年累月的雾气。人们也熟悉他笔下为数不多,几乎因袭定型的人物。这些人物中有俄罗斯的汉姆雷特:巴扎罗夫和罗亭。有 18 世纪的遗老,有雄辩而又无能为力的革命者,有踌躇满志、野心勃勃的年轻官僚。然后,在他笔下的女性只有两三种类型:温柔完美,往往很虔诚的少女,如《烟》中的达吉亚娜和《贵族之家》中的丽莎;反复无常,令人望而生畏、不可理解的女性,如《烟》中的伊莱娜;桀骜不驯的贞女,她的一双灰眸子、挺直的鼻梁和薄薄的嘴唇似乎表明她有一种忠贞不渝和奋起反抗的强烈愿望,如《处女地》中的玛利安娜。这些喋喋不休、没有意志的男子和这些富有激情、宽厚、仁慈的女子,形成了一个范围狭窄、与世隔绝的天地。有人对我们说:这样,我们与托尔斯泰和陀思妥耶夫斯基所善于描摹的栩栩如生的大批群像就相距遥遥了。

也许是这样。但是,我不理解,人们居然会指责一个作家的天地狭窄。一部作品的质量优劣是不能以它所描绘的事物大小和重要性来估量的。这情况恰恰就好像人们指责静物画画家的题材狭窄一样,也就好比硬说弗美尔①因为只画一些小幅的室内生活画而称不上是位伟大的画家,或硬说画家夏尔丹②只熟悉一小群属于同一阶层的人物(巴黎的劳动市民)而不如高尔蒙③伟大一样。实际上正相反。我认为,对一个艺术家来说,善于限制自己研究的范围,往往是出色的高招。人不可能事事精通,而一小幅描绘得惟妙惟肖的画要比一幅"不精确的宏伟壁画"更能使我们对人类有所了解。一位小说家能真实无误地把三位或十位德国人的情况述说得头头是道,但他不可能把德国的情况描述得一丝不差。他只有在自己的气质所允许的情况下,在尽可能确切地刻画他所熟悉的德国人的同时,方能说明德国的情况。屠格涅夫在《猎人笔记》中除了给我们塑造了斯帕斯克村附近几个农民的形象外,没有描绘任何别的东西。这对我来说是无关紧要的。然而,他却比浩瀚见长的俄罗斯历史更能使我懂得 1830 年俄罗斯的情况。

此外,如果说屠格涅夫笔下的人物类型当真属于范围狭窄之列的话,这些类型的花色品种却是五彩斑斓,很有特色的。有人对我们说,你们在屠格涅夫的每部小说中都看得到反复无常的女子和俄罗斯的汉姆雷特。对的,但这些不同的汉姆雷特并没有什么相似之处。巴扎罗夫与罗亭根本不是同一类型的人。巴扎罗夫沉默寡言,

---

① 弗美尔(1632—1675),荷兰画家,善于画室内画和风景画,曾长期不受人赏识,现在则因为他的画中色彩调和、光线层次分明而被公认为 17 世纪最伟大的画家之一。

② 夏尔丹(1699—1779),18 世纪法国著名的现实主义画家,擅长画静物画和风俗画,他的风俗画多表现市民阶层的生活。

③ 高尔蒙(1845—1924),法国学院派画家。

罗亭则喋喋不休、多嘴多舌，其程度是相当的。巴扎罗夫粗俗、颓唐。他能够爱，而罗亭则并不如此。《贵族之家》中阴郁的拉夫列茨基也是一个汉姆雷特，但远比他们更单纯、更天真。《处女地》中的涅兹达诺夫是一个于连·索黑尔①式的内心复杂的汉姆雷特，不过，他是一个贵族出身的于连，这就使他成了一位新颖的人物。我同样也可把《猎人笔记》中的一些农民说成是这类人物。他们有共同之处，他们也应该有共同之处，但他们的性格是十分鲜明的。也许，人们可以较公正地指责屠格涅夫把女子的形象刻画得太单调，但是，人们也可以对其他小说大师作同样的指责。几乎所有的男子都被一种类型的女子迷住了心窍，会不由自主地追逐这种女子的形象。他们往往只是为了描绘这种形象而写作。当我们说起"拉辛笔下的一位女子"，我们就会想到一个可以把罗珊娜、爱斯黛和费德尔②都罗列在内的普通类型的女性，而这类女性同时却又是定型的。这能作为抱怨拉辛的一个理由吗？拉辛和屠格涅夫像所有的艺术大师一样，都在形形色色的生灵中选择了一些相类似的人作为他们艺术塑造的对象。这是最自然、同时也是最合情合理的举动。

对屠格涅夫的另一种抱怨是，说他不是一位创作天才。

首先，必须对"创作"这个词的含义有一个一致的看法。一位小说家应该从一种不可思议的虚无中去创造人物，还是应该更为简单地通过观察自然来设法从事写生？我稍后将说明为什么我感到

---

① 十连·索黑尔是法国作家司汤达的名著《红与黑》中的主人公。
② 拉辛作品中的三个人物。

这个问题提得不好。不过,我们不妨先来看看屠格涅夫本人是如何回答这个问题的吧。屠格涅夫一直自称是个没有想象力的人。他说:"我从来都不能光凭自己的想象来创造人物。我必须有一个活生生的人作依据,才能塑造人物。"

今天,多亏马宗①先生就屠格涅夫留在巴黎的一些文稿和写作计划发表了一篇出色的分析性文章,我们才能研究屠格涅夫用以塑造人物的技巧。他是从一些活生生的人身上吸取素材来塑造人物的。通过这些文稿,人们就可以了解他工作时的情况。他在开始写作一部小说时,先要列出一份书中人物的名单。他在小说主人公的名字旁边往往要注上其原型人物的真实姓名。正因为这样,人们可以在他的《初恋》这部小说的人物名单上看到:

> 我,一个十三岁的少年
>
> 我父亲,一个三十八岁的成年男子
>
> 我母亲,一个三十六岁的成年妇女

然后,他又对此做了修改:"我,一个十五岁的少年。"他之所以作这样的修改,无疑是考虑到他自己作为一个十三岁的少年,在感情上的早熟似乎显得不太真实之故。在《前夜》的人物名单中,也

---

① 安德烈·马宗(1881—1967),教授,斯拉夫学者,俄国文学史家,法兰西学院院士(1935年),曾在俄国哈尔科夫大学教法文(1905—1908)。他在巴黎研究屠格涅夫的手稿,有很大的贡献。

同样列出原型人物卡拉塔耶夫和保加利亚人卡特拉诺夫的名字。

　　屠格涅夫在列出这份人物名单后,撰写了这些人物的小传。人们可以在这些小传中看到关于他们体格情况的描述和家族病史,如:"家族中有癫痫病史;母亲曾有过一位精神错乱的堂姐妹";接下来是有关他们的精神评语:"生性淫荡,略带几分腼腆……心地善良,为人正直,但不得好报……受宗教神秘主义影响"。在这些人物小传中,他往往还指名道姓地借用好几位真实人物的特征:"其脸部表情与已故的萨维纳和疯子韦罗基纳的表情相同","戈鲁什基纳想把自己当作士兵唐科夫那样的进步人士"等。

　　凡是研究过一些小说家的写作方法的人都知道,屠格涅夫在这一点上与那些最伟大的作家酷似。巴尔扎克乐于谈及这个"取之不竭的创作源泉",他也正是从中为他的作品汲取营养的。我们也熟悉托尔斯泰用以塑造人物的一些人物原型。普鲁斯特博士也许将在最近几天内发表马塞尔·普鲁斯特①的记事手册。人们通过这些手册可以看到,马塞尔·普鲁斯特是借助于这些笔记来刻画他的作品中的各种人物的。这些人物在记事手册上都有真实姓名。这种做法与屠格涅夫在他的人物小传中的做法完全一样。艺术创作并不是虚构、编造,而是把现实生活中的素材集中起来进行加工。

---

　　① 　马塞尔·普鲁斯特(1871—1922),法国作家。是意识流小说的鼻祖之一。他的长篇巨著《追忆逝水年华》曾在尚未出齐之前,就获得龚古尔金奖,在文坛上很有影响。

我们可以轻而易举地指出，诸如斯威夫特的《格列佛游记》①、艾德加·爱伦·坡的《短篇小说集》②、但丁的《神曲》或杰利的《乌布王》③此类最奇幻、显得与实际观察相距最为遥远的那些故事，都是根据作者的回忆写就的，就好像达·芬奇笔下的妖魔或建筑柱头上的各种魔鬼都是借助于人和动物的特征塑造出来的一样，或者也可以说像发明机械一样，它并不意味着创造材料，而是对一些众所周知的零件进行一次重新组装。瓦莱里说："艺术家汇集、积累素材，并利用这些素材把人心灵深处的一系列欲望、意愿和条件撰写出来。"此外，还必须补充说明的是，这种机械一旦安装就绪，就会以其自身的运转成为生活的动力。这样，普鲁斯特利用蒙戴斯居④塑造了夏尔吕斯⑤，很快就变得能"谈论夏尔吕斯"而不需要这一人物的原型了。在巴尔扎克的作品中，尤其是在他的后期作品中，各种人物所特有的这种生活都被他描绘得十分出色。

　　然而，如果说创作不能虚构编造，小说家倒也还可以在不同程度上根据自然进行写作。"我是个现实主义者。"屠格涅夫说。而

---

　　①　乔纳森·斯威夫特（1667—1745），英国作家。他的讽刺性小说《格列佛游记》出版于 1726 年，描写了格列佛周游小人国、大人国、飞岛、巫人岛和马岛等离奇曲折的经历，情节引人入胜。作者在书中以辛辣的手法讽刺了当时的英国社会。
　　②　艾德加·爱伦·坡（1809—1849），美国作家。他想象力丰富，作品情节离奇，很有特色。
　　③　阿尔弗雷德·杰利（1873—1907），法国作家，著有讽刺喜剧《乌布王》。
　　④　罗伯特·蒙戴斯居，法国现代艺术评论家。
　　⑤　夏尔吕斯是普鲁斯特在他的长篇巨著《追忆逝水年华》中所塑造的一个拥有男爵称号的没落上层人物。

且,他还声称,一个艺术家的唯一职责是老老实实描述他所看到的事物。可是,这个问题是十分复杂的。

描述我们所看到的事物,忠实地反映自然,这样做自然很好。但是,怎样忠实地反映自然呢?大自然是取之不竭的,无论在空间还是在时间方面来看,它同样都是层出不穷、瞬息万变的。在一小时内,人的脑海里会闪现出许多形象和念头,足以充实一本长达四百页的书籍。在这样一本书中,倘若我们不仅想让读者了解一个男子的生活,而且也要了解一群男女的生活,那么,我们的现实主义显然应做些让步,必须对一些素材精雕细琢,有所选择,有所舍取。在绘画方面,德拉克洛瓦①诅咒现实主义。他说:"倘若你们想绘一些现实的画,不妨雕塑一些人像,给它们涂上逼真的色彩,并借助于你们所赋予它们的一股内在的活力,使它们栩栩如生,呼之欲出,这样,你们就'现实'了,接近生活了,但是,你们算是完成了一幅艺术作品吗?当然不是,甚至恰恰相反。"

艺术并不就是自然;艺术基本上是人为的。人类对一门艺术的需要,恰恰就在于要给复杂的自然加上一些肉眼看不见的东西,使自然能被人的头脑所接受。这一点,屠格涅夫是知道得很清楚的。他喜欢引用培根的名言:"艺术就是人加自然。"还有歌德的名言:"应该把现实拔高到诗的高度。"

然而,要正确评论艺术作品,恰恰必须懂得现实主义和诗意这

---

① 欧仁·德拉克洛瓦(1798—1863),19世纪法国浪漫主义画家。

屠格涅夫传

两种观点并不相互矛盾。屠格涅夫的全部文学理论也就在于此。一部小说与生活并不完全相似，这是理所当然的。小说是有局限性的，是经过精心安排和撰写的。但是，这种编排得井井有条的全部情节应该由好些真实的细节组合而成，而且情节本身也应给人以真实感。一出莎士比亚的悲剧并不是"生活的一个缩影"，但剧中人物却应该是一些活生生的人。阿谀逢迎的朝臣波洛涅斯①是确有其人的，汉姆雷特也是一个实际存在的青年。小说家与剧作家一样，不应该"信口雌黄"，不加准备地随意描绘人物。在屠格涅夫的小说中，从来没有一个人物像是在扮演闹剧角色的。在他的小说中，猎人重新领略到一个真正的猎人的感受；农民们操着农民的语言，而且也绝没有以画家的口气来评论自然；女人也都很女性化。我们刚才已经说过，屠格涅夫的天地是狭窄的，不过，正因为他有勇气把他的天地限制在他先前曾亲自观察过的范围内，他才成为几乎从未杜撰捏造过的为数极少的小说家之一。

但是，如果说由于屠格涅夫在他的小说中描绘了各种真实的细节而成为现实主义作家的话，那么，他则因为对这些细节有所选择而堪称伟大的艺术家。有一天，保尔·布尔热②先生在泰纳③先生那里听到屠格涅夫在概述自己关于描写艺术的理论。保尔·布尔热先生说："屠格涅夫认为，描写的才能完全体现在对能引起联想的

---

① 波洛涅斯系莎士比亚所著的悲剧《汉姆雷特》中的御前大臣，即奥菲莉娅之父。
② 保尔·布尔热(1852—1935)，法国作家、文艺评论家。
③ 伊波利特·泰纳(1828—1893)，法国文艺理论家、史学家。

细节的选择上。他主张描写始终应该是间接的，与其直言不讳不如启发暗示。这些都是他的原话。他怀着钦佩的心情给我们引述了托尔斯泰的一段景物描写。这位作家①在这段写景中只提到一只蝙蝠振翅高飞，淡淡的一笔就使人领略了江畔迷人夜色的恬静。人们仿佛亲临其境，听到了蝙蝠翼梢轻轻相触时所发出的声响……屠格涅夫也始终是通过抓住类似的细节来描绘景色的。下面，我随意列举他在这方面的几个例子。首先是他在《草原上的李尔王》中所描绘的一幅九月份的林中秋色图：'林中万籁俱寂，百步外能听到一只松鼠在飘落在地上的枯叶上蹑足跳跃的声响或一根枯枝从树梢上坠落时轻轻擦动旁边树枝所发出的细微声响，枯枝往下坠落，坠落，最后掉在枯萎的草地上，凄寂地永远不再动弹了……'我再从《贵族之家》中举另一段写景为例：'客厅里的气氛变得肃静了，只听到蜡烛在吱吱地轻燃，时而还能听到有一只手轻敲赌桌的气息，或一声惊叹，赌客在数骰子的点数的声响'，'黑夜的凉意伴随着一阵阵夜莺那嘹亮、热情、大胆的啼啭声，像巨浪似的透过窗户涌了进来'。十分有趣的是，这些例子与福楼拜的写景有异曲同工之妙，足以使人了解屠格涅夫所惯用的写作手法。他让视觉在他内心复苏，引起共鸣，然后抓住最先呈现出来的特征，把它记录在纸上。这种特征始终是一个至关重要的基本细节，而别的作家却把它当作无关紧要的陪衬而予以忽略。"

---

① 指托尔斯泰。

描写时抓住基本细节，与其直言不讳还不如启发暗示，这是一种引人入胜且又高超的艺术形式的准则和手法。人们曾把屠格涅夫的艺术与希腊艺术作了充分的比较，这种比较十分精确，因为在这两种艺术中，整个复杂情节都是通过一些精心选择的细节来予以暗示的。

古往今来，没有一位小说家是如此"珍惜笔墨"的。人们对屠格涅夫写小说的技巧稍许有些习惯时，首先便会满心惊讶地自问，屠格涅夫何以能通过一些篇幅如此简短的小说给人以这样一种隽永和充实之感。人们倘若分析他的表现与手法，便会发现这是一种结构严谨、十分含蓄和完美无瑕的艺术。屠格涅夫的小说中的故事总是发生在一个骤变的时刻里。梅瑞狄斯和乔治·爱略特总是喜欢把故事情节从主人公的孩提时期写起。托尔斯泰写作时，也是在离作品的主要情节颇远处开始落笔。屠格涅夫则不然，他几乎总是突然一下子就进入主题。《父与子》是一则发生在数星期内的故事，《初恋》也是如此；《贵族之家》故事发生在拉夫列茨基重返家园之时，《烟》故事则发生在与伊莱娜相遇之时。然后，当读者一旦被激动的心情紧紧抓住时，作者才笔锋一转，追述往事，踏上了他认为很有必要进行一番探索的几条小径。人们在阅读屠格涅夫的作品时，几乎总要想到法国古典悲剧中的时间一致性①。实际上，屠格涅夫确实是一位伟大的古典主义作家。他甚至还对一些伟大的古

---

① 指三一律中的时间一致性。

典主义作家在"安排情节"方面有所蔑视。莫里哀在他的剧作中采用了一些经常重复的题材和意料之中的结局。屠格涅夫像莫里哀一样,不过,他首先要描绘某种性格或确定某种感情上的细微差别。以《处女地》为例,马宗先生的那些文献表明,屠格涅夫是在对这部小说的主人公形象经过十八个月的推敲和深思后才找到这个主题的。屠格涅夫还有一点像莫里哀,他也喜欢采用一种几乎是陈旧过时的反对手法;以纯洁无瑕的女子(丽莎,达吉亚娜)来反衬害人匪浅的女子(瓦尔瓦拉,伊莱娜),以实际的男子来反衬艺术家,以儿子来反衬父亲。他的这种结构要比托尔斯泰或陀思妥耶夫斯基的结构朴实得多、原始得多。

　　屠格涅夫在刻画人物性格方面,也同样惜墨如金。他在刻画人物时与写景一样,几个精心选择的细节必定应在那时就暗示其他一切。例如,在《贵族之家》中,拉夫列茨基离开了一个欺骗他的风流女子瓦尔瓦拉·巴甫洛夫娜。他以为瓦尔瓦拉早已死去。不料,他突然在家中又见到了她。他以一种合情合理的严峻态度接待了她。她抱了他的女儿来,试图以此打动他的心扉:

　　　　"阿达,瞧,这是你的爸爸,"瓦尔瓦拉·巴甫洛夫娜说着,把盖住女儿眼睛的几绺鬈发拨开,并使劲亲了她一下,"跟我一起祈求他吧。"

　　　　"这是爸爸?"小女孩咿咿呀呀地喃喃道。

　　　　"是的,孩子。你不是爱他的吗?"

拉夫列茨基已经受不住了。

"在什么闹剧中看得到这种场面啊?"他吼道,然后就反身出房。

瓦尔瓦拉·巴甫洛夫娜一动不动地站了一会儿,然后微微地耸了耸肩膀,把女儿抱回隔壁房里,替她脱掉衣服,让她躺在床上。接着,她拿起一本书来,坐在灯旁。她等了将近一个小时,终于决定上床就寝。

"怎么样,太太?"拉夫列茨基夫人从巴黎带回来的一名法国侍娘一边替女主人宽衣解带,一边问道。

"没怎么样,朱斯蒂娜。"她答道,"他老了很多,但是,我认为,他仍然有一副好心肠。把我过夜用的手套给我吧,把我明天要穿的高领灰裙准备好,尤其别忘了为阿达准备羊排……我想这儿是不容易买到羊排的,但是,也得设法买到它。"

"船到桥头自会直。"朱斯蒂娜答道,转身吹灭了蜡烛。

这个场面具有一种令人难忘的严峻性。瓦尔瓦拉·巴甫洛夫娜的精神贫乏,这个极其自信的漂亮女人的自私心,她丈夫的懦弱,这一切都极为自然地跃然纸上。倘若我们在生活中见过这种人物,这一切是一眼便能看透的。然而,书中却对此只字不提,对瓦尔瓦拉·巴甫洛夫娜的内心活动也没做任何仔细分析。可是,她在经历了如此难堪的场合后,却又想到了要保持一双纤手的美色,并向侍娘要过夜用的手套。这也就足够了;我们通过这样一个细节也就了解她的为人了。

　　可是,我们刚才说过,用"现实主义"这个词来形容屠格涅夫的艺术是不够的,还必须补充一下,说他是一位富有诗意的现实主义作家。这个定语意味着什么呢?"诗意"这个词是最难下定义的,但也绝不该忽视,从接近词源的词义上来解释,所谓诗人就是指"赋诗的人"。诗,就是给人们重新创造世界、美化世界的艺术,也就是说,要给世界加上一种形式,尤其是加上一种节律。重新组合这个神秘的统一体,把大自然与人的内心激情结合在一起,把个人的遭遇重新置于云彩与太阳、春天与冬天、青春与暮年这些广泛而有节律的运动中去,这样的人便是诗人,同时也是小说家。

　　凡想起屠格涅夫的一部小说时,就不可能不联想起某种把自然和激情结合在一起的伟大的自然景象。在小说《烟》中,我们看到,这些在田野上空渐渐消散的白云贯穿着情节的发展。人们也忘不了《初恋》中的花园,《白净草原》的夜晚,以及德米特里·罗亭与行将被他背弃的少女最后一次约会的那个池塘。

　　一个富有诗意的现实主义作家深知,人们的生活不仅仅是由一些平凡的琐事组成的,而且,生活本身也完全是夹杂着一些伟大的感情、忧虑、神秘色彩和高尚的幻想的。幻想是现实的一个组成部分。忽视幻想,不分青红皂白地一味把幻想撇在一边,就是排除了使现实具有人情味的一切东西,从而也就使这一现实变得贫乏了。屠格涅夫曾经写过这样一句话:"左拉最大的不幸,就是他从未读过莎士比亚的著作。"当他写这句话时,他想要说明的正是这一层意思。

　　对屠格涅夫所写的这句话是应该展开评论的,因为对左拉是否具有诗意一事,势必有很多说法,但是,人们从这句话中可以清楚地领悟出屠格涅夫之所以认为左拉的艺术有其不足之处的原因。屠格涅夫认为,如果人们忽视了生活中的某些柔情和某些幸福的情绪,则任何生活景象都是不全面的,而且是虚假的。作品中有一种现实主义的公式化陈词滥调,也有浪漫主义的公式化陈词滥调。但是,颤音和装饰音同样都很危险。"我不是自然主义者,"屠格涅夫说,"我是超自然主义者。"这倒是千真万确的。他的朋友们的不足之处(福楼拜、龚古尔兄弟与左拉一样,都有相同的不足之处),恰恰就在于不十分了解人们那些最朴素和最强烈的感情。在一次晚餐席间,屠格涅夫极为细腻地解释了为什么爱情是一种具有特殊色彩的感情,以及左拉如果不愿意承认这一色彩就会走上歧途的原因。散席后,爱德蒙·德·龚古尔天真地把屠格涅夫的这一席话追记了下来。他写道:"我从他的这一席话中看到了一种不幸,那就是尽管福楼拜在这方面用词很夸张,然而,无论是福楼拜还是左拉和我,我们都从未十分认真地恋爱过,因而,我们都不会描绘爱情。"他们也确实不会描绘爱情。"那并不是因为他们没有才能,"屠格涅夫说,"而是因为他们没有走上正路和想象太多之故。他们的文学把文学都搞臭了。"

　　屠格涅夫本人是曾经恋爱过的。他曾经在白熊的一只爪子上痴坐过。他也曾经"浪漫"过。他对波利娜·维亚尔杜显得有些骑士风度。且不管他们之间的交往究竟是友谊还是爱情,反正他体验过这种炽烈而又持久的感情。这种感情能使动了感情的人心胸开阔,长期摆脱一切低级趣味;这种感情也能赋予人的心灵以一种十分特殊的"色彩",以至于无论这个人是位政界人物还是个商贾,人们从他身上所透出的某种宽容恬静的气度立刻就能辨认出他是个有过真正爱情的人。屠格涅夫的小说的大部分胜人之处就源于此。

粗野的淫荡无疑也是确有其事的,而且也是必然的。然而,应该承认,过度淫荡在小说中都会变得无可比拟地令人感到乏味和讨厌。凡是曾经讲述过情欲的小说家(此时此刻,我至少也像在想屠格涅夫那样想起了司汤达),都是些清白的作家,这是事实。普鲁斯特把有关感情生活的生理活动阐述得活灵活现,但他几乎总是写得很有分寸,而当他舍弃这种分寸时,也就落出败笔了。我之所以指出这一点,并不是担心它会有损于道德(因为道德和艺术是彼此互不相干的),而是因为它揭示了一条至关重要的美学法则,我是这样认为的。

我们刚才所指出的写作特色(只描绘本人所熟悉的事物的那种意愿,作品要被本人体验过的高尚情操所贯穿)可能会造就一种十分主观的艺术。屠格涅夫则相反,他竭力主张作家应该客观,应该"消失在他的主人公们的背后"。他对泰纳先生说:"作家应该把他笔下的人物与他自己之间的脐带切断。"①有一个青年想献身于文

---

① 这是布尔热先生引用屠格涅夫的一句原话。——原注

学工作,向屠格涅夫求教。屠格涅夫在给这位青年的信中写道:"倘若您对研究别人的外貌和生活要比表达自己的感情和想法更感兴趣,倘若您不但想正确无误地描绘人的外表,而且还想正确无误地描绘一件普通事物的外表,并认为其乐趣胜过于潇洒热烈地诉说您见了这个人或那个事物的外表后的感受,那么,这就说明您是一位客观的作家,而且还说明您可以动笔写一部中篇或长篇小说了……"

屠格涅夫的这种治学态度与福楼拜是一致的,它似乎与现代小说家的好些方法是背道而驰的。我们当中的大部分人都以完全主观的方式进行描述,并设法通过对一桩严重事件所引起的激动心情进行分析,而不是通过对引起这种情绪的种种事实进行描绘,在读者身上重新激励起这种情绪。其实,我认为这两种方法同样都是可取的。倘若用屠格涅夫的名义去指责普鲁斯特,那就大错特错了。何必在客观的作家和主观的作家之间作出抉择呢? 启发众人的方法何止一种。实际上,我认为,一位作家,无论他想做到多么客观,永远也不可能阻止他的个性在他自己的作品中显露出来。一个人总有一些忧心事。这些忧虑会不由自主地流露出来。阅读梅瑞狄斯的作品时,不可能不知道梅瑞狄斯在成年时曾热恋过一位少女。这件事是千真万确的。在他的作品中所塑造的各种类型的少女,都有一种典雅的风韵和一种完美无瑕的气质,两者显然都是与一种深笃的感情联系在一起的。同样,在屠格涅夫的小说中,人们也能清楚地瞥见他那优柔寡断、诚实多情的个性,以及他对一位意志坚强、能激励起他的激情的女性的徒然向往。正是这种宛如先天性的千篇一律才使一部作品显得生动活泼,具有活力。我们可以割断小说中的人物和孕育这些人物的想象力之间的脐带,但我们不能使这些人物不与他们的塑造者有天然的相似之处,也不能使这些人物彼此间互不相似。

此外,屠格涅夫也远远做不到禁止自己反省。他认为,一个艺术家应把一切,乃至自己,都当作进行观察的对象。"一个作家,"他说道,"不应该听凭自己被痛苦所压垮,而是应该利用一切来进行写作。作家是一类神经质的人。他的感觉比别人都灵敏。既然如此,就凭这一点,他应该约束自己的性格;他绝对应该始终不渝地观察自己和观察别人。如您遇到不幸,那就请您坐下身来写道:'发生了这样那样的事情,我的心情是如此这般的。'痛苦将会随着时光的流逝而消失,而一页出色的文字则留了下来。既然这一页文字是如实记载下来的真实感受,它有时就可能成为一部伟大的艺术作品的纽结……"再者,"倘若所有身遭不幸的艺术家都饮恨自尽,那么,人世间就不会再有任何艺术家了,因为所有的艺术家都或多或少有一番不幸的遭遇。幸福的艺术家,人世间是不会有的。幸福就是休息,而休息则创作不出任何东西来"。

我们看到,屠格涅夫既是主观的,也是客观的。其实,他不怎么喜欢刻板的体系和派别。他认为艺术家必须有自由:"您觉得自己被一种幼稚的、振奋人心的信义所激励了吗?您想陶醉在热情奔放之中抒发情怀吗?那您就醉心于抒发情怀吧,反之,您想抑制您内

屠格涅夫传

心的一切激情吗？您乐于用询问的眼光来观察一切事物，并通过您自己的分析使这些事物像核桃一样爆裂吗？那您就这样去做吧。"一个艺术家只应忠实于自己，而不应忠实于某一个体系。

屠格涅夫只有在一个问题上是毫不妥协的。他认为，一个小说家永远不应该有意识地去设法证实一个论点。艺术家和道德家是两个大相径庭的人。"我在描写一些盗马的窃贼时，"契诃夫说，"您想看到我紧接着补充一句'盗马是不道德的行为'。但是，审判盗马贼是陪审团的事；我的职责单纯就在于描写他们是怎样的一路货色。"艺术是供人消遣的，并不是示范的说教。这也并不是说一个小说家不能对思想意识感兴趣。表达思想观点与表达感情一样，是小说家设法要描绘的这种人类生活的一个组成部分，但思想观点应该像人物的灵魂要素一样含蓄地反映在他的作品中。各种思想观点是由各种人物的性格孕育出来的，绝不是随意塑捏成形。它们必定相互对抗，让我们自由选择、取舍。屠格涅夫不作任何努力去"理解生活"。他没有什么道德要向我们推荐，也没有什么形而上学的东西和哲学理论要向我们推荐。这不是他的职业。他给我们叙述一个故事，使我们认识人类。在法国，人们近年来一直在大谈特谈纯诗歌。屠格涅夫则在什么是纯小说这一方面为我们树立了典范。

在这方面，屠格涅夫对他的法国朋友们有很大的影响。年轻的莫泊桑从他的教诲中受益匪浅，养成了叙述故事的嗜好。莫泊桑受他的影响肯定甚于受福楼拜的影响。"屠格涅夫尽管年事已高，"

莫泊桑写道，"在他的小说中却有最现代、最先进的思想。他摒弃了一切讲究技巧、运用戏剧手法写作小说的陈旧形式，并从生活中（只是从生活中）汲取素材，撰写没有曲折的情节、没有特大奇遇的小说。"从屠格涅夫这方面来说，他十分器重莫泊桑。据托尔斯泰说，他们在雅斯纳雅·波良纳逗留期间，有一天，屠格涅夫从手提箱中拿出一本法文小册子来，交给他说道："请您有空时读读它。这是一位年轻的法国作家的作品。您瞧吧，写得不错。"原来，这本小册子是莫泊桑的短篇小说《戴家楼》。①

对一些在 1860 年至 1880 年期间活跃于文坛的法国作家来说，屠格涅夫无论在写作风格还是在构思上，都堪称是一位小说大师。正如安德烈·纪德②所说，在一位作家讲一件事物而不得不拿它与十件别的事物作对比的这样一个时代里，来重读屠格涅夫的作品，对我们也未必无益。屠格涅夫与法国的司汤达、梅里美和俄国的契诃夫、托尔斯泰一样，他深知文字的威力足以使小说生色。一句常用的话，甚至仅仅是一个单词，都能暗示它所指的事物。要不然，语言要来何用？但是，如果这句话足以起到表达作用，又何必再用一些令人生厌的废话去修饰它呢？我知道，辞藻华丽、语言刻薄总是能吸引一些对一切都不以为然的读者的。我也知道，人们可能会说："在拼命使劲也无从有所感觉时，用朴实无华的文字来进行描述岂不省事。"但是，梅里美、司汤达、屠格涅夫都不在此列。他们三人

---

① 见托尔斯泰《莫泊桑文集序》。
② 安德烈·纪德（1869—1951），法国现代作家，1947 年荣获诺贝尔文学奖。

天赋出众、细腻敏感、才思敏捷。只不过，他们认为，真正的激情恰恰是在摒弃一切过分的矫揉造作的情况下才能觉察出来的，哗众取宠的闹剧称不上是戏剧。我的想法也与他们一般无二。拜伦在他短暂的一生的后期终于懂得了真正的戏剧时，对他自己年轻时所写的那些闹剧式的夸张性诗歌心生厌恶。屠格涅夫在他抱病在身的最后两年时间里，倘若他力图评论自己的作品，想必也是会满怀喜悦去深思的；倘若他对自己身后的荣誉有所关注，想必是会满怀信心的。真理是不朽的；今天，孩子们依然与赫克托耳和安德洛玛克①的儿子酷似。正如屠格涅夫所说的那样，"保持原型而不怪诞"是有可能做到的。而我的想法却更甚，我认为只有不怪诞才能牢牢保持原型。

屠格涅夫的老师普希金曾这样写道：

诗人，请你不要重视通俗的爱！

喧嚣一时的热情称颂声终将化为乌有；

你将听到蠢人的评价和冷静的民众的笑声；

但你，仍要意志坚定，头脑冷静，凶相毕露。

---

① 赫克托耳和安德洛玛克系法国古典主义悲剧作家拉辛的作品《安德洛玛克》中的人物。特洛伊英雄赫克托耳在特洛伊战争中身亡，其妻安德洛玛克与儿子成了爱比尔国王卑吕斯的俘虏。卑吕斯爱上了安德洛玛克，逼她嫁给他，并以其儿子的生命来要挟她。安德洛玛克为保全儿子的性命，假意应允，准备成婚后即自杀。但卑吕斯的未婚妻爱妙娜得知后，唆使奥莱斯特刺杀卑吕斯。后爱妙娜也自杀身亡，奥莱斯特因此发疯。安德洛玛克和她的儿子幸免于难。这句话的意思是今天的人与古代的人一样具有相同的人性。

你是一个国王：你孤家寡人似的生活。

在你的自由思想指引下，通过自由之路，奔向高超的境界，

不断改进你的得意的思想果实，

不要为你高尚的业绩索取报酬。

你的思想在你自己的头脑中：

你就是评判你自己的最高法庭；

你可以比任何人都严厉地评判你的工作。

你对此满意吗，你，苛求的艺术家？

你满意吗？

如若满意，那就让民众去责备你吧。

    在他整个一生中，屠格涅夫就是他自己的这个苛求的评论家和这个"最高的法庭"。事隔五十年后，①今天我们认可了他生前对他的著作所做的尤声的评判。

---

① 莫洛亚的这部《屠格涅夫传》是在 1931 年出版的，距屠格涅夫逝世那年（1883）将近五十年。

第五章　屠格涅夫的人生哲学

有一天，一位夫人写信给屠格涅夫，说她的儿子要写一篇关于屠格涅夫的哲学的作文。她恳请屠格涅夫给予指教。屠格涅夫对此深感难堪。他并不认为自己有什么哲学可言。他认为：一位艺术家首先是个观众。混杂在人群中看戏的艺术家，暂时就不再是艺术家了。事后静下心来时，他可能会重新找到看戏时所感受到的激动心情。那时候，这些激动的心情便成为他艺术创作的素材。但是，屠格涅夫觉得，作家卷入抽象的思想意识斗争中去是危险的。"当我眼前没有一些具体的人物形象时，"他说道，"我就完全茫然若失，不知所措了。我始终认为，人们也可以用同样公正的态度来表明与我对立的观点。但我倘若讲到一只红鼻子或一根白头发，那么，这根头发确实是白的，这只鼻子确实是红的。任何辩证法都改变不了它。"厌恶诡辩，厌恶他年轻时所热衷过的带有哲理性的高谈阔论，认为这类宏论都无济于事，认为世人绝不以此为生，还认为人世间重要的是形形色色的人和他们的红鼻子或白头发,是他们的握手亲善、叹息、田野上的散步、工作,这一切便是屠格涅夫表面上蔑视思想意识的实质之所在。

对这位要求他概述他的人生哲学的夫人,屠格涅夫是这样回答的:"简而言之,我首先是个现实主义者,只对人类面目的真实性感兴趣。我对一切超自然的东西都漠不关心:我对任何绝对化的东西和制度一概不信。我对自由的热爱胜过对世上一切东西的爱,而且,据我自己判断,我对高尚的东西是敏感的。凡属人性的东西,对我都是珍贵的。斯拉夫主义与其他任何信条一样,我对它们都是陌生的。"①

这个回答很诚实。它颇为出色地概括了屠格涅夫的立场,是我们所掌握的一份关于屠格涅夫的切实的书面材料。这种材料也是不可多得的。有关屠格涅夫的其他书面材料,都是些从他的小说中节选出来的片段,还有就是他的一篇名为《够了》的简短的默想录,一次关于汉姆雷特和堂吉诃德的演讲报告和他的散文诗中几段象征性文字。

我觉得,这就是"屠格涅夫心目中的世界的形象"。这种形象是从他的著作中显露出来的。

屠格涅夫无疑是个悲观主义者,或者至少可以说,他对宇宙中的各种力量和世态的看法是悲观的。在他看来,对大自然的仁慈信

---

① 该段文字系由雅莫林斯基引述。——原注

以为真,那简直就是荒唐。大自然既不好,也不坏,它是冷漠的。"大自然创造了一些人,却毫不关心他们的命运。它接着又创造了另一些人来与前者厮杀。它为双方提供作战的武器,又满不在乎地为双方改进这些作战武器。它好比一个最高仲裁,一边坐观一场永无休止的战争,一边为对垒的两支军队提供弹药。"他在散文诗①中叙述了一场梦,拟人化了的大自然是梦境中的中心人物。

> 我信步走进一个拱高、宽敞的地下大厅。
>
> 一股似乎从地下射来的均匀的光线,
>
> 照亮了整个大厅。
>
> 一位身穿绿色宽裙、雍容华贵的妇女,
>
> 端坐在大厅正中。
>
> 她一条玉臂支撑着脑袋,
>
> 像是沉浸在沉思默想之中。
>
> 我顿时意识到,
>
> 这位妇女就是自然女神,
>
> 搞得我诚惶诚恐,
>
> 宛若有一股寒气倏地钻进我的心田。
>
> 我蹑足走近这位坐着的女子身边,
>
> 恭恭敬敬地向她施礼。

---

① 这首散文诗题名叫《大自然》(1879)。

"哦,众人的母亲!"我大声叫道,

"你在苦思冥想些什么?

你在思索人类未来的命运?

你在念及能使人类臻于完美和得到一切幸福所需的条件?"

这女子慢慢地转过头来,

一双阴沉可怕、炯炯有神的眼睛注视着我;

她朱唇微启,

我听到一个响亮的嗓音,

犹如兵器相击,铿锵有力。

"我在思索,想方设法要赋予跳蚤爪子上的

肌肉以更大的气力,

使它能更轻易地逃避敌人的追击。

攻与守之间业已失去了平衡;

必须重新予以恢复。"

"怎么!"我嗫嚅着,

"你就是在思索这件事?

可我们,人世间的凡夫俗子,

难道我们不是你的宠儿?"

她略微蹙紧双眉。

"所有的飞禽走兽都是我的儿女,"她说,

"我对所有的生灵同样关心,

也同样要把它们杀绝斩尽。"

"但是……善……理智……正义……"

我重又喃喃。

"这些都是人类的格言,"铿锵有力的声音

又说道,

"我既不知道善,也不知道恶。

你们的理智并不是我的准则,

再说,正义算什么?

我赐给了你生命,

我也将剥夺你的生命,

我也将不加区别地把生命赐予别人或蚯蚓。

至于你,暂且自卫吧,

别再来跟我纠缠不清。"

我想要辩驳,

但大地在我周围震耳欲聋地咆哮、震动……于是,我便惊
醒。

人们都记得,屠格涅夫幼年时,曾亲眼看到蛇与蛤蟆之间的一
场格斗,从此,他便对自然界的种种争斗萌生了厌恶之情。对人性
的观察并没有改变他童年时期的想法。他觉得,宇宙好像是受一些
无穷而又无形的力量主宰的,这股势力对我们这些凡夫俗子所注重
的善恶、正义、幸福根本不屑一顾。

一个形成了这种世界观的有识之士自然不可能是一个有信仰的人。在屠格涅夫的心目中,人在宇宙范围内并不比蚂蚁显要。他在他的一首散文诗①中臆想了两座山岳——少女峰和黑鹰峰——之间的一段对话。

　　　　少女峰对它的近邻黑鹰峰说道:

　　　　"有什么新闻? 那儿发生什么事啦? ……"

　　　　黑鹰峰答道:

　　　　"无非是旧景重现,总是老一套。

　　　　真是平庸无奇,乱七八糟。

　　　　青幽幽的流水,黑乎乎的树林,灰蒙蒙的石堆。

　　　　周围还有一些丑恶的虫子在簇动、喧闹,

　　　　喏,你知道,

　　　　就是这些两条腿的小牲畜,

　　　　它们至今还从未能玷污你我。"

　　　　"你指的是人吗?"

　　　　"不错,就是那些人。"

　　　　转瞬间,几千世纪过去了……

　　　　少女峰问道:

　　　　"那么,现在呢?"

---

①　这首散文诗题名叫《谈话》(1878),引用时有删节。——译者注。

黑鹰峰声若洪钟似的答道：

"这种虫子似乎少了，叫人眼目清明了。

水域变窄，树林萎缩。"

转瞬间，又过了几千年……少女峰问道：

"你看到什么啦？"

"我看到我们周围又更干净了……

但那边，在更远的峡谷里，

还是有些东西在蠕动，显得人影绰绰。"

转瞬间，又过了几千年……

少女峰问道：

"那么现在呢？"

黑鹰峰答道：

"现在美哉善哉。

一切都清晰可辨，看得清清楚楚，

展眼望去，到处是一片白茫茫。

到处是皑皑白雪，望无边际，

到处冰封大地，毫无生机。

现在美哉善哉。

一片宁静，万籁俱寂。"

少女峰又接口道：

"好极了。可是,老头,

咱俩也聊了好长时间。

该睡觉歇息了。"

"是该睡觉歇息了!"

两座巍峨大山安然入睡;

在那变得千秋万代寂静无声的大地上空,蔚蓝的晴空也在

沉睡。

人类在庞然大物面前显得渺小,这就是屠格涅夫的一种最为强烈的感受。倘若我们一心想衡量并凝视无穷的大物,作任何努力似乎也纯属徒劳。我们受苦受难,这却又是为了奔向何方? 无非是奔向那本身也是渺小的死亡。①

在我行将奄奄一息时,

倘若我还能思索,

我将思索些什么?

我将想到,

我没有很好珍惜生命?

我浑浑噩噩,虚度了年华,

犹如做了一场南柯梦?

---

① 以下引的是散文诗《我将思索些什么? ……》(1879),原著不分行。

我不懂得品尝人生的甘果?

怎么!已经濒临死亡?

它何以来得如此神速?

不可能吧?

我还没有时间做过些什么!

我还只是准备有所作为啊!

我将缅怀往事?

把我的思想停留在我一生中仅有过的些许喜气洋洋的瞬间?

停留在我所钟爱的那些面庞和形象上?

我的脑海中将重新回忆起我的种种不端行为?

一种悔之莫及的灼人的忧虑将会占据我的心灵?

我将思索墓穴那边等待着我的是什么?

我将自问墓穴里当真有东西在等待着我?

不……我觉得,面临着咄咄逼人的一片漆黑,

我将尽力不去思索这些问题,

我将尽力去想些鸡毛蒜皮的事情,

以此转移我的注意力。

一位垂死者不断在我面前抱怨,

怪人家不肯给他吃炒松仁。

只是在他结结巴巴牢骚满腹时,

才有一种不可名状的东西，

在他业已失色的眼睛深处挣扎、颤动，

宛如一只伤得奄奄一息的飞禽那折断了的翅膀。

　　有时候，爱情确实会赋予不幸的人们以一种惊人的力量，一种了不起的高尚情操。但是，如果我们仔细观察，也会在爱情中只找到具有普遍性的斗争。"不，爱情中绝没有平等。爱情中只有一个主人和一个奴隶。因此，诗人们讲到爱情的锁链是不无道理的。总有一天，您将知道，这一副如此温柔的镣铐是如何折磨人的，是以什么样的爱抚来把您的心砸得粉碎的。您将领教到隐藏在最炽烈的爱情背后的怨恨；您将像一个经过休养后康复了的病人一样，为这种地地道道的任人愚弄的休养叹息不已。您将领教拜倒在石榴裙下任人摆布的滋味。您将体会到这样受人奴役是多么可耻和多么令人抬不起头来。"

　　在小说《烟》中，屠格涅夫以一种使人联想起威廉·迈斯特①那封出色的信中所用的口气写道："男人懦弱，女子则死乞白赖。偶然的机缘威力无穷。甘心顺从这种黯然失色的生活是困难的，彻底归依这种生活则是不可能的。这里有美色和同情，有热情和光明，怎教人躲避得了它呢？男子不顾一切纵身迎上前去，就像幼儿投入保姆的怀抱、铁屑被磁石吸引过去一样自然，一样不可避免。我们一

————————

　　①　威廉·迈斯特是歌德所写的一部长篇小说《威廉·迈斯特的学习年代和漫游年代》中的主人公。

旦受了诱惑,跃跃欲试,便重蹈覆辙,直至死亡使我们解脱为止。"屠格涅夫在心情恶劣的时日里,对爱情也如同对死亡一样产生了疑惑。

屠格涅夫写过一篇调子低沉的默想录。这篇题名为《够了》①的默想录表现出十足的(不过也是假的)悲观主义论调。人们在对未经加工提炼的自然现象进行沉思默想,而又不赋予人类的努力以切实的价值时,是会产生这种悲观主义情绪的。

"命运严酷无情地主宰着我们每个人。而我们,在人生之初,注意力被各种各样的琐事、鸡毛蒜皮的东西及自我吸引住了,也就感觉不到命运的魔掌的厉害。只要我们能做到自我欺骗,就能活下来,而且,对内心抱有希望也并不感到可耻。"然后,当我们发现真理时,"为了要站稳脚跟,不致跌得粉身碎骨,不淹没在自我蔑视的沼泽中,人便只有一条路可走,那就是心安理得地背离一切,大声疾呼'够了!'把自己两条无力的手臂环抱在空荡荡的胸前,袖手旁观,挽救自己仅有的最后一点名誉,即对自己的渺小无能尚有自知之明的那一丝尊严。这种尊严只不过是帕斯卡②所说的所谓'芦苇式的能屈能伸的大丈夫'的尊严,一种可怜巴巴的尊严,一种可悲的自我安慰而已。请你好好看透吧,可怜的兄弟,无论你是何许人,你回避不了诗人所揭示的这个可怕的真理:人生不过是一个行走的影子,

---

① 抒情小说《够了》(1865)是屠格涅夫在19世纪60年代中期悲观情绪的表现。他的名言"米罗的维纳斯也许比罗马法或(17)89年的原则更要无疑得多"就出于这个作品。

② 帕斯卡(1623—1662),法国数学家、物理学家和哲学家。

一个在舞台上指手画脚的拙劣的伶人,登场片刻,就在无声无息中悄然退下;人生是一个愚人所讲的故事,充满着喧哗和骚动,却找不到一点意义"。

上面,我引述麦克白①的这几句诗……女巫、幽灵、鬼魂纷至沓来,萦绕在我的脑海中……唉！其实,既没有什么幽灵,也没有什么可怕的冥府魔鬼。可怕的是,没有任何令人可怕的东西,人生的本质是平庸无奇、空洞无益乃至堕落的。当您看破红尘,尝到了人生的苦处时,任何蜜糖仿佛也不再甘美了;甚至就连爱情、人类亲密无间、彻底献身等这种最高、最甜蜜的祝福,就连这种情愫,也失去了它的一切魔力。人的一切尊严都被他自身的渺小和生命的短暂毁损殆尽。是的,一个男人曾经爱过,说过一些地久天长、幸福永存的喁喁情话,而一条蠹虫用它那萎缩的舌头吞噬了最后一块圣骨后,甚至将不会留下丝毫痕迹。

这情况好有这样一比:在秋末的一个凉爽天里,当放火焚烧过的灰茫茫的草地上毫无生机,一派肃静时,倘若此时太阳在林边上空拨开云雾,露了一会儿脸,并把一片阳光洒在初冻的大地上,幼蝇便立刻会从四面八方钻出来。它们在灼热的阳光下飞舞,乱蹿乱动,飞高落低,在彼此的周围转来绕去。接着,太阳躲进了云雾之中,幼蝇便像一阵霏霏淫雨落了下来一样,就此结束了它们短暂的生命。

---

① 麦克白是莎士比亚戏剧《麦克白》中杀君篡位的苏格兰国王。上面几句诗出自朱生豪的译本。

艺术可以显得比大自然更为优美,更经久不衰,因为大自然里并没有贝多芬的交响曲,也没有歌德的诗歌。但是,到头来,无情的大自然必将胜过一切。它将摧毁一切,乃至艺术作品。菲狄亚斯①的宙斯塑像将像一块普通的石块似的摔得粉碎。"这股无声无息、毫无理智的力量向前推进,推进,吞噬一切事物,而我们这些可怜的艺术家又怎么能斗得过它呢? 我们在万丈深渊旁的尘埃中摸黑塑造了一些有一时意义的形象,而人们又怎么会相信这些飘忽不定的形象的价值和地位呢?"

可是,美的东西难道不需要一直存在下去就能流芳千古吗? 只要存在一阵子就够了吗? 也许是的,可是还必须有人,方能使它永世长存。然而,这也不是绝对的。总有一天,冷却了的地球上甚至将不再会有一个能善于思索这许多消逝了的美的有识之士。因此,何必去劳烦这种神呢?"何必去招恶人的嗤笑或蠢人的评判呢? 何必回到幽灵麇集的行伍中去呢? 又何必回到这个设在广场上的集市上去呢? 那儿,卖主和买主相互弄虚作假;那儿,人声鼎沸,一片喧哗,一切都低级庸俗。当无能渗透了所有人的骨髓时,又何必试图在这个空幻的世界中奋斗呢? 不! 不! 够了! 够了! ……就让余生悄然逝去吧。"

大家看到了该如何回答屠格涅夫,并通过他回答叔本华(在悲观主义这一点上,叔本华是屠格涅夫的启示人)。我们对他们两人

---

① 菲狄亚斯(约前490—约前430年),古希腊最伟大的雕塑家。雅典神庙中的大部分塑像都出于他之手,其中以宙斯神像和智慧女神密涅瓦塑像最为出色。

说:这跟我们有什么关系?不错,世上万物的存在都是短暂的;我们不能指望我们的作品永存,不过,永存岂不是人为的需要吗?你们说柏拉图①的手稿和菲狄亚斯的智慧女神密涅瓦塑像将在数千年后化为乌有,这跟我们又有什么关系?应该为现代创作,应该为我们、为我们周围的人创作。我们获得了生命;我们有这生命也就足够了。从永恒着眼,生命是短暂的,但是,永恒对我们来说是不可思议的。而从人的虚弱着眼,生命却是漫长、丰富多彩和充实的。悲观主义是人为的。这一点,恋人们和儿童们都知道得很清楚。他们是对的。幼蝇在阳光下飞舞。它们这样做岂不是比拒绝飞舞而去苦思冥想夏日的短暂和难以想象的前程要好得多吗?这就涉及如何对待无穷的问题。屠格涅夫与叔本华一样,也与许多和他同时代的人一样,竟一时沉湎于计较无穷,而被搅得晕头转向。

但是,给屠格涅夫的最好的答案,还得在他自己身上去找。他的悲观是浮在表面上的,或者说得更确切些,他的思想是悲观的,而他的内心虽然并不乐观(只有精神失常的人才会否认痛苦),却是淳朴、公正的。他说得不错,他不是为那些抽象的思想意识而生的,他只有面对着红鼻子、白头发才感到舒畅。当他一提起笔来描绘现实世界时,他就体会到世界的妩媚和千姿百态。拉夫列茨基十分不幸地重返家园。"我现已沉于河底。"他心中想道。然而,他对乡间的安泰宁静很有感受。"我现已沉于河底,"拉夫列茨基重复道,

① 柏拉图(前427—前347),古希腊唯心主义哲学家。

　　　　　　　　屠格涅夫传

"不过,这里的生活一向安乐;任何人踏进这个天地就只得随遇而安;这里没有任何事情会激励人心,也没有任何事情会扰乱人心;非得像农夫用犁开出一条田沟似的慢慢为自己开辟一条途径。在这平平静静的休养生息中,可以养精蓄锐,恢复元气。那儿,粗壮的牛蒡在窗下的草丛里冒出头来;上面,独活草挺着它那坚硬的茎秆;再上面,圣母泪①倒垂着玫瑰色的花束。远处,裸麦和燕麦在田野上熠熠发光,并已开始抽穗。一切都在生长、发育,草茎上的每一根草,树枝上的每一片叶都在伸展……我最好的年华已奉献给对一位女子的爱。但愿这里的慵懒无聊能使我头脑清醒,恢复平静,并教会我今后不要仓促行事。"

逆来顺受吗?是的,但这种逆来顺受也不无乐趣。再说,拉夫列茨基是一个已不年轻的男子,而且他经历了人生坎坷,遭受了生活挫折。但是,屠格涅夫与莎士比亚一样,他也像《暴风雨》中的普洛斯彼罗那样对青春抱有美好的幻想。他乐于在他那些小说的尾声中向我们展示出,在老一辈人经历失败之后,一代新人是如何成长和如何在希望和恋爱中重新找到与先辈相同的幸福的。幻想是永恒的,或至少会像人的灵魂一样经常复生。这种幻想与现实十分相近。

在一个情绪消沉的日子里,屠格涅夫听到窗下有一只乌鸫在啼啭。他大为感慨地写道:

---

① 圣母泪是一种结实浑圆的草本植物,可做念珠用。

"乌鸫扯着高高的嗓门,十分自信地不停鸣唱、啁啾。它那委婉的叫声传到我静悄悄的房中。我那思绪纷乱的脑袋由于失眠而显得沉重、干涸,此时满屋的啼啭声充塞于我的耳际和脑中。

　　"这阵阵啼声,无休无止,清脆沉着,充满了一股完全不可抗拒的力量。我从中领悟到大自然的声息。这是一种美妙的声音,无意识的声音,它以往一直在高唱,今后也将继续高唱。

　　"这乌鸫满怀自信地唱呀唱,拼命地唱。它知道,忠诚不渝的太阳很快就会按时放射出光芒。它那委婉的歌声似乎根本不出自它,也根本不属于它。一千年前,同一只乌鸫迎来了同一轮红日。而一千年后,还将是这只乌鸫引吭迎接这东升的旭日。到那时,阵阵清风将打断并刮走它的歌声,而我的骨灰将随风飞扬,也许会围绕着一个始终发出响亮声响、始终是活生生的躯体盘旋不休。

　　而我,一个既可怜又可笑的男子,一个有个性的单相思恋人,我要对你说:谢谢啦!小歌唱家,谢谢你在这忧郁的时刻里如此出乎意料地到我的窗下唱起这铿锵有力的自由之歌。①

　　在一千年、两千年后,另外一些男子也将有与我们同样的激情、欢乐和痛苦,而且,他们也将像我们这些命中注定要死亡的人一样抱有希望。他们有理由对生活抱有希望。对他们来说,旭日也将按时在晨空中东升,因为这令人生畏的世界毕竟是个严格遵循自然规律的世界。自然规律既不残忍,也不温和。自然规律是一成不变

---

　　① 此段文字由夏尔·萨洛蒙译成法文。——原注。

　　　　　　　　　　　　　　　屠格涅夫传

的,因此也是预料得到的;它们是些固定的框框,人就得在这些框框内尽可能安排自己的命运。

如果说,弱肉强食的世界是既无情而又无恨的话,世人却并不如此。人为什么要置身于污泥浊水之中? 我们不得而知。人比幼蝇更有价值吗? 我们也永远不得而知。但是,人能够有友谊、爱情和荣誉业绩,这是事实。屠格涅夫只要提起笔来描绘形形色色的凡人,信任和善良就在他的调色板上占据着重要的地位。他对人抱有兴趣,从广义上来说,他对活人抱有兴趣。在这个盲目的敌对世界中,人和动物都懂得用毅力来开辟温情的绿洲。而他就钦佩这种毅力。人在冷漠的大天地里筑起了他们的小天地,这就是真正的哲理。屠格涅夫深深懂得这一点。他赞赏善良和勇气,甚于世上其他一切。为此,他对俄罗斯的农民、故人和真正的基督徒抱有兴趣。他的作品充满了忠厚老实的人。《父与子》中两位青年的父母,作品中几乎所有的平民,《烟》中的达吉亚娜,《贵族之家》中的丽莎,都是他怀着一种并不是一个悲观主义者所会有的柔情来加以刻画的。只不过,正像我们已经说过的那样,他宁可把善良之心赋予他笔下的那些纯朴的人,同样,他也只把幸福赐予那些接受最卑贱的生活的人。在这一点上,他又与福音的教义相接近了。"比埃尔和他的妻子,以及他们周围所有的人,都过着和睦平静的生活。这种平静便是幸福。世上没有旁的幸福可言。"

胡曼先生说:"屠格涅夫指责文化在散播不信宗教的思想,因此使广大知识分子背离了源自悠久的基督教传统的种种美德。这些美德即指逆来顺受,宽厚仁慈,忘却自我。现在只有那些地位卑微的人才具有这些美德,因此,他们也就高人一等。他说'凡有信仰的人,就具有一切,而且绝不会失去任何东西;凡没有信仰的人,也就一无所有。因为我属于这种一无所有的人之列,我就尤其强烈地感到这一点'。"从这里可以看出,屠格涅夫身上还带有清晰的怀旧痕迹和一些宗教影响。他的悲观主义遮住了人们的耳目,使人看不清这些情况。

不过,这种宗教影响尚未形成他切切实实的宗教信仰,而只是形成了他对宗教信仰的价值的信仰。青春时代的幻想,在我们踏上人生道路的初期,赋予我们一股非凡的力量。要在成年时期里稍许保持这股力量,就得有所信仰。"保持一颗年轻的心直到暮年,这是很难办到的事,而且说来也是有点可笑的。凡是对仁慈和意志的威力没有丧失信仰并仍乐于采取行动的人,还是应该认为自己是幸福的。"这样,怀疑论者便得出了拥护无私的行动的结论。有一天,屠格涅夫曾在一次公开的讲座上慷慨陈词,为堂吉诃德这个人辩护,反对汉姆雷特式的人物,①即反对他自己。现在,我们理解他之所以要这样做的原因了。

堂吉诃德超脱自我,为他人而活着,为了跟那些与世人为敌的力量、那些巨人和魔法师做斗争而活着。他内心谦逊,灵魂高尚且英勇。他毫不怀疑自己所肩负的使命。他那顽强的意志与他的思

---

① 指他在圣彼得堡讲演《汉姆雷特和堂吉诃德》(1860)。

屠格涅夫传

想是一致的。

汉姆雷特尽管有一些长处,归根结底还是自私的。他所关心的是他自己;他所想的并不是他的责任,而是他个人的"处境"。他剖析自己,认识自己,并经常蔑视自己,从而自我解嘲,这与堂吉诃德的自信大相径庭。汉姆雷特并不知道自己所求的是什么;除了复仇之外,他并无生活目的。不过,他也热爱生活。他热爱生活是因为他的人性总算还胜于抽象的思维。因此,他想自寻短见,却又下不了手。我们应该怜悯他,因为他比堂吉诃德更苦恼。在同女性的关系方面,一心只想寻求自我的汉姆雷特酿成了奥菲利娅的不幸,而美丽的奥菲利娅却是深爱他的。堂吉诃德则敬仰一位臆想中的心上人,而且美化了他的杜辛尼亚。

汉姆雷特的怀疑主义并不等于冷漠。但是,他为了保持意志而想得过多。

"人性的可悲之处就在这里显露了出来,以前经常有人发现这种情况;要有所作为,就得有意志;要有所作为,也还得有思想;可是,意志已与思想形影分离,而且这种背离正在与日俱增。

"这样,决心的赤热的光彩,被审慎的思维盖上了一层灰色。"[1]莎士比亚借汉姆雷特之口说出了这一心声。

"这就是我们之所以要区别对待汉姆雷特和堂吉诃德的原因。这一边是苦思冥想、有见识的汉姆雷特们,他们理解并领会一切,与

---

[1] 见人民文学出版社 1978 年出版的《莎士比亚全集》(九),朱生豪译,第 64 页第 1 行。

此同时，他们又懦弱无能。这种人的本质注定他们是畏缩不前的。另一边是半疯不癫的堂吉诃德们，他们因为只看到茫茫天际的一个点，不会瞻前顾后，因而才对人类有用，才能推动人类前进。可是实际上，天际的这个点往往并不像他们所看到的那样存在于世。"

堂吉诃德显然是不自量力。试图与宇宙搏斗的人几乎总是被斗败了的，但还是应该与它比试一下高低："凡是立志要干出一番轰轰烈烈事业的人，他们的行为，甚至他们的性格中，必定夹杂着某种可笑的成分。但是，这种人既不怕受人迫害，也不怕遭人咒骂和嗤笑。他们目不转睛地注视着远方，瞻望着只有他们自己才看得见的那个目标，坚定不移地勇往直前。他们寻找、摔跤，最后终于找到这个目标。而广大民众最终也怀着一种盲目的信任，跟随着这些曾经被他们嘲笑、咒骂并迫害过的人前进。被蠢猪肆意践踏，是这些堂吉诃德们在生活中都会遭受的一种灾祸……这是他们必定要向这类粗俗的意外事件和冷漠蛮横的无知所缴纳的最后一笔苛捐杂税。这也是伪善者施加给他们的侮辱。他们蒙受了这种侮辱后便可以饮恨九泉了。他们赴汤蹈火，终于英名永垂史册。"

持怀疑态度的屠格涅夫，就以这样一席对有信仰者的颂词，得出了他的结论。不过，这绝不是一种违情悖理的结论。事实上，屠格涅夫的怀疑主义往往是流于口头上的；他的内心深处隐藏着某些信仰，足以使生活变得很美好；而且他最终还是以"愁容骑士"的高尚和痛苦的方式，度过了他那为人之友的一生和艺术家的一生。这是他唯一有过的生活。

我们都可以做一个天真单纯的堂吉诃德。在这种情况下，华而不实、夸张其事、伪装热情、虚饰感情和矫揉造作的华丽文采也就都是些该死的风车了。屠格涅夫以他所选中的那位名叫"恰如其分"的"贵妇人"的名义，整个一生都在与这些弊病做斗争。尽管在他的几首诗中流露出叔本华式的悲观情绪，他的作品也并不是在向我们念一本消沉气馁的经，而是在给我们上一堂谦虚恭谨的课。他并没让《处女地》中的玛利安娜成为涅兹达诺夫的配偶，而是把她许配给沙罗明，也就是那位兢兢业业，办理琐碎事务，说话切切实实、慢条斯理的小人物。人并不一定总是被大自然压垮的；人可以改造自然，但一定要遵循自然规律方能改造自然。

布尔热先生颇有见解地指出，屠格涅夫笔下的人物，没有一个像《情感教育》①中那些主人公似的给人留下一种在生活上绝对失败的印象："他们都是些被生活所挫的人，但并没成为废物；他们都不是完人，但也并非碌碌无为。"之所以说他们不是些碌碌无为的人，是因为他们虽然身处逆境，内心仍清高倨傲："他们为人在世随遇而安，不是痛苦便是平庸，却不受舆论摆布，不是舆论的产物。他们就这样我行我素，根本不遵循社会纲领，根本不拿自己去同这个或那个人相比。人们倘若再进一步深挖受挫者的心理，就会发现这种挫折只不过在别人的印象中是无可弥补的罢了。一个男人，只要他尚在呼吸，就能有所作为，即便他的所作所为只是为他个人，并且

---

① 《情感教育》是法国作家福楼拜写的小说。

丝毫不担心他的行为会给人什么印象及招来什么评论也罢。这种完全秘而不宣、纯属由个人意志所决定的行动，与出于自尊或虚荣心想出人头地毫无关系。这种行动就是具有丹尼尔·笛福①笔下的鲁滨孙那样的诗意。屠格涅夫笔下的主人公们都无可辩驳地具备这种'我行我素'的诗意。总之，他们所过的恰恰不是一种由别人给他们规定的生活，而是由他们亲自安排的生活。这就使得他们不至于会有弗雷德里克·毛漏或戴楼芮耶②那种毁灭的结局。为人在世的大事，并不在于受人好评或不受人赏识，而在于亲自品尝到激情的甘苦，对世事的必然、人生的坎坷有个直接和由衷的体会，总而言之，在于亲自在这个令人无法抗拒的大自然中、在哲学家所说的这个地狱中的王国里（哪怕是个注定要覆灭的王国也罢）活上他个若干年。而在某种意义上来说，一个男子汉，倘若他生前只是以别人为他勾勒出的形象在生活着，那他的命运才是悲惨的。"

我们在屠格涅夫的小说中所看到的人生，"与我们心目中的人生是一样的，它是凄惨多变，神秘莫测的"③。屠格涅夫留给我们的，既不是悲天悯人，也不是气馁消沉的情绪，而是美好的情操。当我们合上他的小说时，在我们遐想联翩的脑海间便浮现出一片片沐浴在阳光中的颤巍巍的森林，一个个美丽动人的女子，温和腼腆的父亲和忧心忡忡、满怀激情的少年。"高尚而又伤感的屠格涅夫。"

---

① 丹尼尔·笛福（1660—1731），英国作家，著有《鲁滨孙漂流记》等。
② 弗雷德里克·毛漏和戴楼芮耶都是福楼拜在小说《情感教育》中所抨击的人物。
③ 此处系引用爱尔兰作家乔治·摩尔的话。——原注

沃尔特·惠特曼①这个评语下得好，它是再确切不过的了。屠格涅夫懂得了生活的残酷性；他并没有设法用人为的乐观来掩饰生活的残酷性；但他也并不怀疑人性。他深知，倘若人们把探测器投入这些表面上极为纷乱的灵魂深处，那是很少会不探测到一些纯洁的情操的。在我结束向你们所做的对屠格涅夫的陈述时，我不知为什么总不能把让·季洛杜②所说的那句美妙的话从我的脑海中驱除出去。让·季洛杜在结束他的关于拉辛的论著时说："命运并不憎恨那些从事伟业的伟大灵魂，它总是在他们流放和患癌症前进行一次巧妙的安排，再赐给他们几个星期。"

屠格涅夫在患癌症去世之前，塑造了好些颇为真实的形象。倘若我们有朝一日也都得像他那样被虚无所征服而化为乌有，我们也将会（如果我们愿意这样做的话）用我们的双手塑造出一种高尚的爱，一种赤诚的情谊。

---

① 沃尔特·惠特曼（1819—1892），美国著名民主诗人。
② 让·季洛杜（1882—1944），法国作家。